サクッと手作り
グルテンフリー

作業時間10分

米粉100%のパンとレシピ

高橋ヒロ（hiro-cafe）

はじめに

ごはんを炊くように、米粉でパン作り

私が米粉に出会ったのは、現在4歳になる長男の授乳中に小麦アレルギーを疑ったのがきっかけでした。すでに料理の仕事をしていたので、小麦粉がダメなら小麦粉以外で作ればいいんだと気楽に考えて、それで出会ったのが米粉でした。日本人だし、お米の粉を使うなんてこれは逆に面白いのではないかと思ったのを覚えています。

ただ当時はおいしい米粉パンがなかなかなく、せっかく習いに行っても出来上がった米粉パンはふわふわとは程遠い“ういろう”みたいなパンでした。なんでかな、米粉でおいしくパンを作れないかな、と思ったのが米粉パン作りの研究を始めたきっかけです。

そこから米粉パンの実験の日々が始まりました。店頭やネットで入手した30種類近くある米粉を使って、同じ状態で焼き比べをするという毎日。これが思いのほか楽しくてはまってしまいました。当時の私は米粉によって仕上がりがものすごく違うことも、グルテンがないとパンが膨らまないことも知らなかったのですが、それが逆によかったのかもしれません。

米粉はよく難しいと言われますが、本当はコツさえつかめばとても扱いが簡単な食材です。お米は日本人のソウルフードです。日本人のDNAにきざまれている食べ物ですが、多様な食生活の中、日本ではお米の消費量が年々減ってきています。もっと気軽に米粉をパンやお菓子、料理に使ってもらいたい、ひいては日本のお米消費の応援になればいいなと思います。そのためにも失敗しない米粉パンの作り方が必要でした。

本書では、そんな日々の実験の結果で生まれたミニ食パンを中心に、二次発酵させる必要もなく、作業時間10分で作れる米粉100%のパンのレシピをたくさん掲載しました。米粉を使ったおやつや料理も紹介しましたので、毎日米粉を使ってもらえます。ごはんを炊くように、米粉でパンや料理を作ってもらえたらとても嬉しいです。

米粉専門コーディネーター　高橋ヒロ（hiro-cafe）

CONTENTS

4 米粉でもっと! 料理・おやつ

料理

おやつ

本書のきまりごと

○小さじ1は5mℓ、大さじ1は15mℓです。
○600Wの電子レンジを使用しています。機種によって異なりますので、様子を見ながら加熱時間を調節してください。
○オーブンの加熱時間はお使いのオーブンによって差が生じることがあります。本書記載の加熱時間を参考に、最適な加熱時間になるよう調整してください。ガスオーブンは電気オーブンより20℃下げてください。
○本書で使用している米粉は、熊本製粉のパン用ミズホチカラとTOMIZ製菓用米粉です。料理用は入手しやすい米粉を使用してください。
○米粉は少しの分量の違いでも仕上がりが変わるため、材料は重量(g)で表記しています。デジタルはかりを使用してください。
○フライパンはフッ素樹脂加工のものを使用しています。フライパンの厚みや素材によって異なるので様子を見ながら調整してください。
○牛乳を豆乳、豆乳を牛乳などの他の材料に変えても作れます。その場合は水分量を調整してください。水分が多いと重い生地になりますし、濃度や甘さも異なるので仕上がりは少し変わります。

パン用ミズホチカラで
作ったパンたち

本書で使用している
パン用ミズホチカラと
TOMIZ 製菓用の米粉

1 米粉のおべんきょう

グルテンフリー、健康にいい…etc. いろいろ言われているけれど

米粉とは？ 小麦粉との違いは？

米粉への注目が高まってきているのを感じます。なぜ今、米粉なのかを整理してみましょう。

米粉が注目される理由

米粉とは、その名の通りお米を粉にしたものです。日本では昔から和菓子の材料として使われてきましたが、昔ながらの米粉は粒子が粗く、水など水分を加えるともっちりした生地になってしまいます。しかし最近では製粉技術の向上で、小麦粉のように微細な米粉が作れるようになり、米粉でパンやケーキ、麺なども作れるようになりました。なんといっても米粉にはアレルギーの原因物質のひとつであるグルテンがありませんから、小麦アレルギーの人も安心して食べられます。また、年々消費量が減っているお米の発展にもつながり自給率UPに貢献もできます。そんなことからお米の新しい食べ方として注目されています。

米粉のメリット・デメリット

米粉でさらにメリットを挙げるなら、「とろり」「しっとり」「もちもち」「ふわふわ」などさまざまな食感が楽しめる、油の吸収率が小麦粉より低く揚げ物がヘルシーでサクサク、粉をふるう必要がなくすぐ調理できる、ダマにならない、混ぜ過ぎもない、生地がサラサラしていてへばりつかないのでボウルなど器具類の後片付けが楽ちん…などがあります。もちろんデメリットもあります。販売されている場所が少ない、ネット購入に頼らざるを得ない、小麦粉よりも価格が高い、種類が多く米粉に応じたレシピの調整が必要、そもそもおいしく作れるレシピが少ない…などです。

米粉と小麦粉との違い

大きな違いはグルテンの有無です。小麦粉はたんぱく質のグルテニン、グリアジンに水を入れて練ることでグルテンを生成し、パンを膨らませますが、米粉にはそれがありません。このグルテンがあるかどうかで、作り方や食感が変わってきます。本書のレシピではグルテンは加えずにレシピに工夫をこらし、注意点や代用品を使う時のコツを記載しました。パン作りや製菓に適した米粉を選ぶポイントや使い方の他、お菓子や料理に使えるレシピも後半で紹介しています。グルテンにアレルギーがある人にも安心して作っていただけます。

米粉を知ろう 2

これなら入手しやすい！

メーカー別米粉の特徴と使い方

スーパーや小売店で入手できる米粉を9つピックアップしました。
それぞれの粉の特徴と使い方のコツをしっかり理解しましょう。

※価格は税込で目安です。変更の可能性がありますので確認してください。

本書では、熊本製粉のパン用米粉ミズホチカラとTOMIZ製菓用米粉（富澤商店）を主に使用していますが、それ以外の米粉でもパンを焼いたり料理に使ったりすることができます。ただし、米粉による違いが大きいので、その米粉の性質の見極め方と使い方を知っておく必要があります。とくに水を入れた時の粉の状態が大きく変わりますので、すべての米粉を同じように使うと失敗してしまいます。

ここでは、一般のスーパーなどで入手しやすい米粉を中心にその特徴と使い方を紹介します。

本書で
使用する粉は
このふたつ

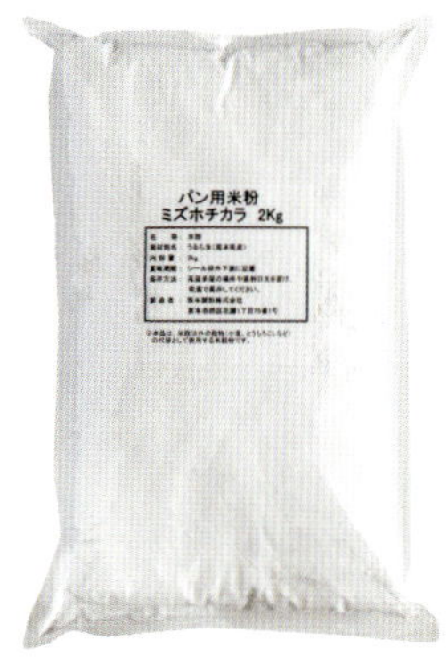

焼き上がりの出来はピカイチ 失敗が少なく誰でも作れる

パン用米粉ミズホチカラ　2kg

購入先：熊本製粉オンラインショップBears
価格（目安）：1,280円

「ミズホチカラ」は主に熊本県、福岡県で生産されている新規需要米の品種名です。製パン用と製菓用の2種類がありますが、とくにパン用はパン作りにもっとも適した米粉になります。普通の米粉はグルテンを追加しないと膨らまないのですが、パン用ミズホチカラはグルテンなしの米粉100％でふわふわのパンを作ることができます。はじめて米粉パンを作るなら、ミズホチカラを使うと失敗せずに作れます。

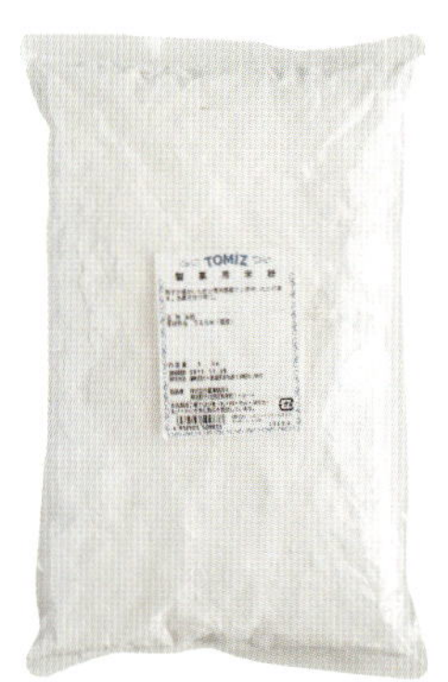

タピオカ澱粉やα米を加えて ふわもちパンが焼けます

TOMIZ製菓用米粉　1kg

購入先：TOMIZ（富澤商店）
価格（目安）：615円

製菓用の米粉なので、お菓子作りにとても向いています。粒子が細かく、でんぷん損傷も低いためふわふわのケーキ類が失敗なく焼けます。パンを作る場合は、タピオカ澱粉やマイプラス（α米）を加えるとふんわりしたパンを焼くことができます。パンやお菓子以外の料理にも使えるので、万能な米粉といっていいでしょう。TOMIZの各店舗で購入できるので入手しやすく、とても扱いやすい米粉です。

 問い合わせ：熊本製粉／TEL 096-355-1821（ネット事業課）　TOMIZ(富澤商店)／TEL 042-776-6488（代表）

お店で見かける米粉、パンが焼けるのはどれ？

ここで紹介している中で
何も加えずにそのままパンが焼けるのは
サラ秋田白神の「マイベイクフラワー」。
タピオカ澱粉かマイプラス（α米）を加えたら焼けるのは
共立食品の「米の粉」と
オーサワジャパンの「オーサワの米粉」です。
それ以外は、お菓子作りかお料理に使いましょう。

タピオカ澱粉やα米を加えればパンが焼ける

共立食品　米の粉　280g
購入先：スーパー、小売店、ネットショップなど
価格（目安）：280円前後

さまざまなスーパーの製菓材料売り場でよく見かけるもっとも入手しやすい米粉です。ケーキなどお菓子作りに最適です。パンを作る場合は、タピオカ澱粉やマイプラス（α米）を加えるとふんわりしたパンを焼くことができます。

スーパーの定番米粉 お料理に万能です

みたけ食品
米粉パウダー　300g
購入先：スーパー、小売店、ネットショップなど
価格（目安）：230円前後

シチューのとろみづけや、唐揚げや天ぷらの衣など、お料理全般に使えます。お菓子作りでは、ふわふわのスポンジ生地よりブラウニーやチーズケーキなどずっしり系がおすすめ。手に入りやすくお手頃な値段も嬉しい。

粉コーナーの定番 料理全般に使えます

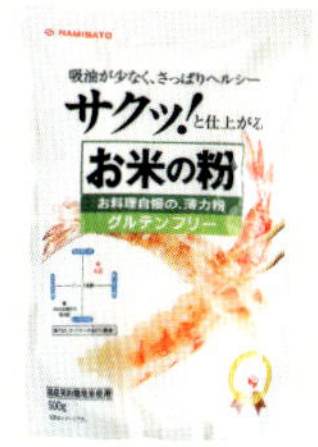

波里　お米の粉　500g
購入先：スーパー、小売店、ネットショップなど
価格（目安）：400円前後

お料理を中心にマルチに使える米粉です。ふわふわのパンやケーキより、クッキーやタルト生地などサクサクした食感を求めたいものに向いています。手に入りやすいので、粉をたくさん使うお好み焼きやたこ焼きにもオススメです。

あきたこまちの米粉 パンが作れる米粉

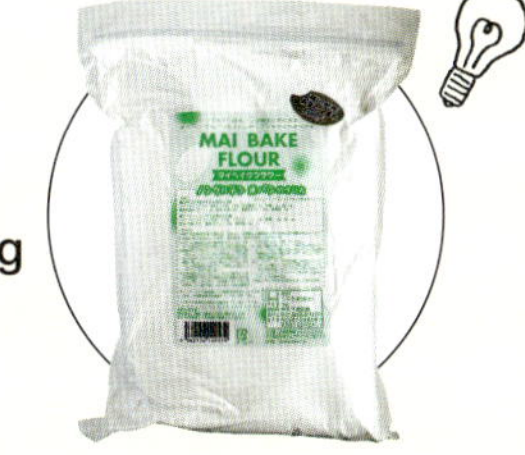

サラ秋田白神
マイベイクフラワー　1kg
購入先：小売店、ネットショップなど
価格（目安）：1000円前後

あきたこまちを100％使用して作られた米粉です。あらかじめ米粉にアルファ化した米粉をブレンドしているので、誰でも問題なくふわふわのパンが作れます。ショップもあるようですが、入手するならネット購入が便利です。

タピオカ澱粉やα米を加えればパンが焼ける

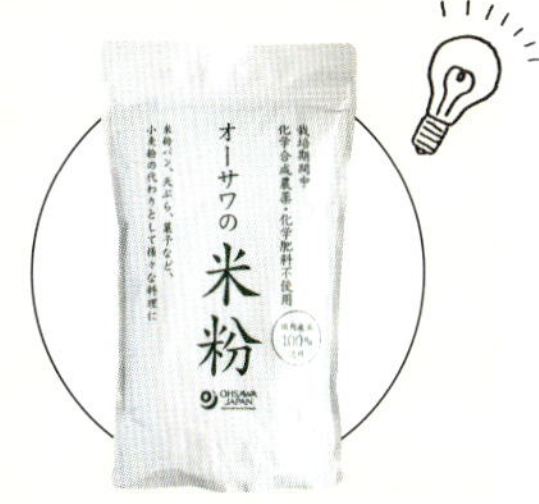

オーサワジャパン
オーサワの米粉　500g
購入先：自然食品店、ネットショップなど
価格（目安）：640円前後

購入先が限られ、お値段が張りますが、国内産で化学合成農薬や化学肥料を使わずに育てたお米を原料にしているので、安全・安心な米粉です。小麦粉の代わりとして使えます。

輸入食材店カルディ オリジナルの米粉

もへじ　米粉　500g
購入先：カルディコーヒーファーム、ネットショップなど
価格（目安）：255円

お店が近くにあれば入手しやすい米粉です。お料理全般に使えます。お菓子作りで使うなら、ふわふわのパンやケーキよりも、ブラウニーやチーズケーキなどずっしり系やクッキーに使うといいでしょう。

昔ながらの米粉 お米の味が美味

上新粉
購入先：スーパー、小売店、ネットショップなど
価格（目安）：200円前後

粉類売り場に必ずある昔ながらの米粉です。粒子が粗いものが多かったのですが最近は細かいものもあり、メーカーによってバラツキがあります。一般的にはおだんごなど和菓子類やクッキー、料理全般に使うといいでしょう。

米粉を知ろう 3

米粉と同量の水を加えて実験してみましょう

お米にはたくさんの品種があるため、米粉もたくさんの性質を持つものが流通しています。どんな料理に合うのかは、粉と同量の水で溶いて謎解きしてみましょう。

商品によって大きく異なるトロトロ生地とダマダマ生地

小麦粉に強力粉、中力粉、薄力粉と種類があるように、米粉にも実は種類がたくさんあります。しかし現在は統一された定義がないため、どんな米粉も「米粉」とひとくくり。でもお米の種類ひとつとっても、うるち米ともち米の違いがありますし、うるち米の中でもササニシキ系とコシヒカリ系とでは性質や味が違います。そのお米を粉にしたのが米粉ですから、品種と製粉方法によっても出来上がりが異なります。

そこで見知らぬ米粉に出会ったら、米粉に同量の水を入れて溶いてみるという実験をオススメします(下記参照)。水で溶くとトロトロの生地、おだんごのようにダマダマになる生地、というように米粉によって必要とする水分量が異なります。よって、同じレシピでも米粉が違うと同じようには作れないことがあります。

水分吸収量の違い、適した料理、対処法は？

水で溶いた時、トロトロ生地になる場合は必要とする水分が少ないのでケーキに向きやすいです。ダマダマ生地になる粉は、さらに水分を足す必要がありますが、最初からトロトロだった生地に比べて水分を多く必要とするため全体量が増え、ふんわり仕上げたかったのにずっしりと重い仕上がりになります。よく「ういろうみたいになった」と聞きますが、これが原因です。

ふわふわのケーキを作りたければ吸水量が少ない米粉を、吸水量が多い米粉だった場合は、ブラウニーやチーズケーキなどずっしり系のケーキに、粒子が粗く吸水量が多い米粉はクッキー系に作戦変更するとうまくいくでしょう。とろみづけや唐揚げの衣など料理に使うのであれば、水分吸収量をそこまで気にする必要はありません。

同量の水で溶いてもこんなに違う！

製菓用に比べると粒子が粗い感じ、ほんのり色がついている
※上新粉によっても異なる

より白くて粒子が細かいから空気を含んでふわっとしている

これではパンやケーキにするのは難しい

ふわふわのケーキに向く

用途別・米粉の種類と使い方

パン作りに適した米粉

お米の品種は、うるち米の中でもササニシキのようにアミロース含有量が高く、さらに水分吸水量が低いものはパンに向きます。本書で使用のミズホチカラが最適ですが、TOMIZ製菓用米粉なら、タピオカ澱粉やマイプラス（α米）を加えればパンを作ることができます。米粉を同量の水で溶いて（10ページ参照）、トロトロの生地になる米粉ならパンが焼ける可能性が高いので、タピオカ澱粉かマイプラス（α米）を加えてください。

これが秘策！

タピオカ澱粉やマイプラス（α米）を混ぜる

最近は粒子の細かい製菓用の米粉も増えてきました。製菓用の米粉をパン作りに使う場合は、タピオカ澱粉やマイプラス（α米）を加えてみてください。米粉によっては多少キメが粗くなることがありますが、ふんわりしたパンが焼けます。ただ、道の駅などで売られている米粉で「製菓用」と表示されていても適さないものもあります。

タピオカ澱粉　150g
購入先：TOMIZ（富澤商店）、ネットショップなど
価格（目安）：200円前後

マイプラス　200g
購入先：小売店、ネットショップなど
価格（目安）：580円

パスタ、うどんなど麺用の米粉

アミロース含有量が高い品種（高アミロース米）が適しています。本書では一般の米粉の中でもアミロース含有量が高いミズホチカラを使用しています。ミズホチカラは麺離れがよく、扱いやすく、作業時間30分程度でうどんやパスタが作れてしまいます。他の米粉でも作れなくはないですが、麺離れが悪かったりするので米粉選びも重要です。

製菓用の米粉

製菓用と表示されている米粉はお菓子作り全般に向きます。しかし厳密に言えば、「何が」製菓用なのかの基準がないので、商品によっては、ふわふわのケーキなどには向かない米粉もあります。見分け方の基準としては、吸水量が少なくて、粒子の細かい米粉ならケーキが作れます。粒子が粗いか細かいかはさわって判断してみてください。

米粉パンを作るための食材

米粉パンは、米粉と水だけでは作れません。小麦パン同様に、イースト菌や砂糖、油分、塩などが必要になります。ここでは他の材料について紹介します。

①ドライイースト／天然酵母

本書ではカメリヤのドライイーストを使用していますが、その他のドライイーストでもOK。イーストの種類によって発酵の時間や状態が異なるので発酵時間を調整してください。白神こだま酵母ドライはドライイースト並みの発酵力があるので同様に使えますが、ドライイーストより発酵に時間がかかります。

白神こだま酵母ドライを使う場合

付属の説明書通りに予備発酵させて使います。予備発酵に必要なお湯は、ミニ食パンで使うお湯85gから10g分を取り分けて使ってください。白神こだま酵母ドライはTOMIZ（富澤商店）やカルディコーヒーファーム、またはネット購入が便利です。

イーストがなくちゃ
パンにならない！

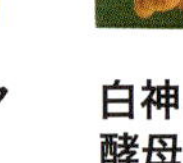

**スーパーカメリヤ
ドライイースト**

**白神こだま
酵母ドライ**

②砂糖

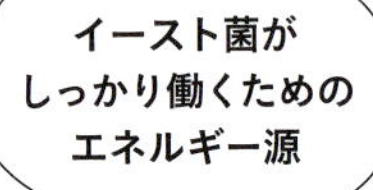

砂糖はイースト菌がしっかり働くためのエネルギー源です。本書ではきび砂糖を使用していますが、いつもお使いのお好みの砂糖でOK。パンの焼き色をつけるだけでなく、イースト菌の栄養分となり発酵を促す役割があるので必ず入れるようにしてください。

③油

油がカサカサを
カバー

本書では米油を使用していますが、いつもお使いのお好みの油でOK です。香りがない油がオススメです。油を入れることでふんわりと仕上がり、保湿効果も生まれます。油を入れないとパンがべたついて切れないので、必ず入れるようにしてください。

④塩

塩は味を引き締め、風味をUPさせる大事な役割があります。本書では精製塩ではなく、ミネラル豊富な自然塩を使っています。具を入れて焼くパンの場合は、少し量を増やすとおいしくなります。精製塩を使う場合はしょっぱくなりがちなので、量を減らしてください。

⑤お湯

イーストが
活発になる温度で
準備

イーストに入れるお湯の温度は季節によって異なります。夏場は気温が高いので常温でも、逆に冬は使用する器具や米粉が冷えているため、夏より温かいお湯を使用してください。温度が高すぎるとイーストが死んでしまうので、本書にある適温を心掛けてください。

本書で使う
米粉パン作りのための道具

米粉パン作りでどうしてもなくてはならない道具といえば、ボウルやゴムべらの他に、
はかり、オーブンシート、ラップ、アルミホイル、そして温度計。
ミニ食パンを作るならミニパウンドケーキ型が、角食パンを作りたければパン型が必要になりますが、
専門の道具を使わなくても、100円ショップで入手できるもので代用できます。
まずは自宅にあるもので工夫して作ってみてくださいね。

ゴムべら

泡立て器

ミニパウンドケーキ型
（100円ショップで購入可能）

ボウル

網（ケーキクーラー）

計量カップ

デジタルはかり

キッチンペーパー

アルミホイル

ラップ

オーブン用シート

温度計

2 米粉100%のミニ食パン

さっそく焼いてみましょう！
基本のミニ食パンの作り方

ボウルに材料を入れて混ぜるだけ！
米粉パンは二次発酵も成形もいらないので、生地を仕込んだら後はオーブンにお任せ。
1時間ちょっとで焼き上がります。
本書では、ミニ食パンは100円ショップでも買えるミニパウンドケーキ型を使います。
この型ならば食べ切りサイズ。焼き立てのふわふわをぜひ味わってくださいね！

材料 ミニパウンドケーキ型（14×6.5×4.5㎝）1個分

A
- パン用ミズホチカラ …… 100g
- 砂糖 …… 5g
- ドライイースト …… 2g
- 塩 …… 1.5g

お湯（37℃）…… 85g
油 …… 5g

型の準備

型にオーブン用シートを敷く。

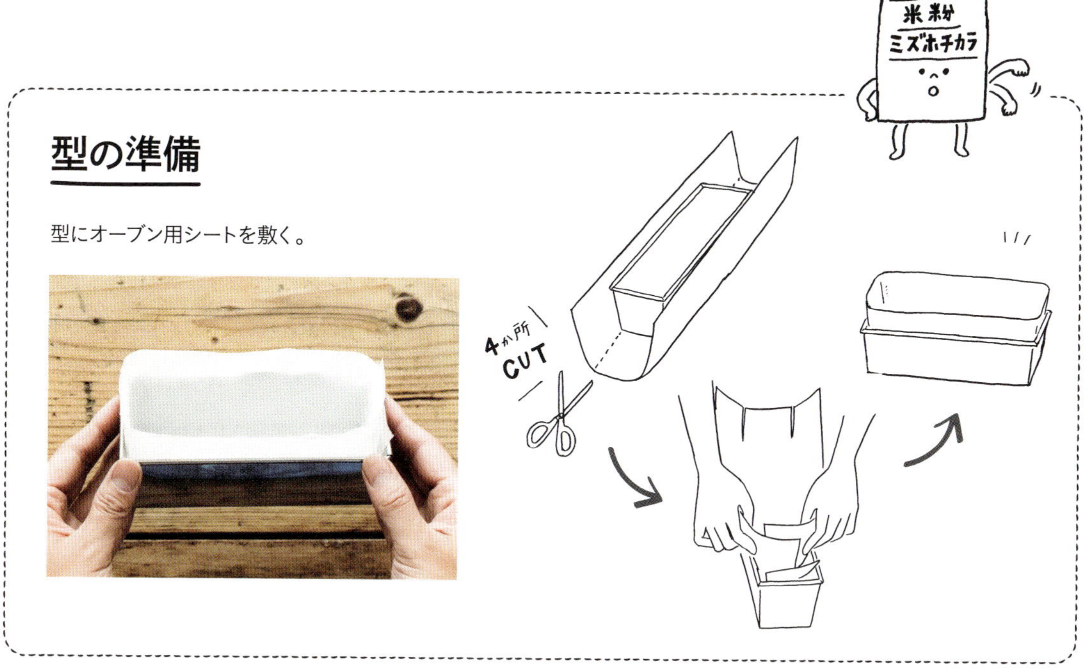

お湯の準備

37℃のお湯を用意する。

生地を作る

作り方

1 ボウルに**A**を入れて泡立て器でよく混ぜる。

2 **1**に、小さじ1ぐらいを残したお湯と油を入れてゴムべらで混ぜる。生地の状態を見て、残してあったお湯を少しずつ加える。

3 生地がなめらかになり、ツヤが出るまで2分程度、または30回ほどぐるぐるとしっかりかき混ぜる。リボン状の生地が理想。かたい場合はほんの少しずつお湯（分量外）を足す。

米粉が新米か古米かによっても
吸水量が変わるので、
写真の生地を参考に、
状態を見ながら調整してください

型に入れる

偏っていても
ゆるい生地なので大丈夫。
トンと台に打ち付けるなどの
作業は不要です

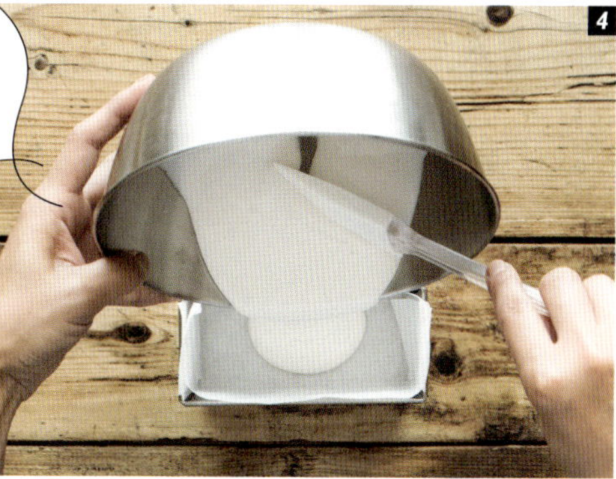

4 型に生地を流し入れる。

5 型にしっかりとラップをかける。

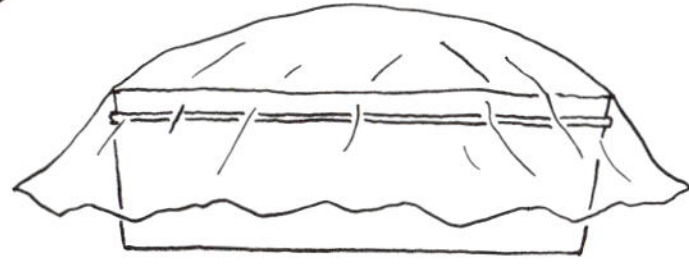

表面が乾燥するので
必ずラップを！

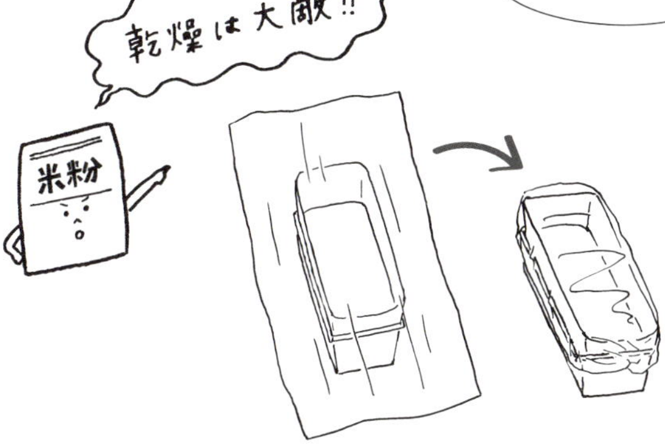

生地を発酵させる

6 オーブンの発酵機能を使い35℃で15～30分程度発酵させる。

発酵
35℃ 15分～30分

発酵はこの
1回だけ

夏と冬、室温によっても
発酵時間が異なるため、
時間ではなく
発酵状態が判断基準

発酵中

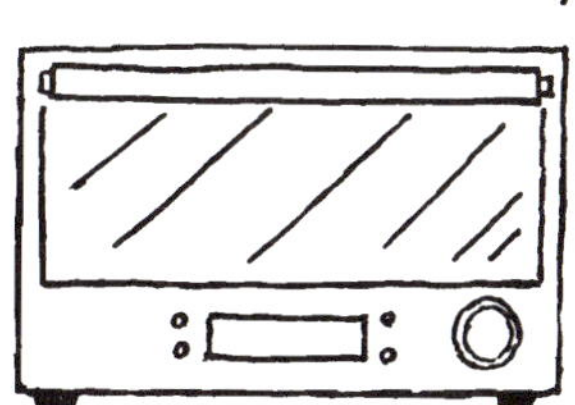

生地の発酵、こんな方法でもできる！

お持ちのオーブンに発酵機能がない場合や温度変更ができない機種では、オーブン庫内に熱湯を入れたコップを入れて発酵させます。様子を見ながら発酵時間を調整してくださいね。夏は陽当たりのいい場所、冬はこたつの近くに置いてもOK。

発酵完了

7 生地が1.5倍程度にふくらんだらオーブンから取り出す。オーブンを160℃に予熱する。

オーブンの予熱完了までには
5分程度かかるので、
1.5倍程度のふくらみで取り出しておく。
ちょうどよい発酵状態で
取り出してから予熱スタートすると、
生地が過発酵になってしまうので注意

× 発酵が足りない

\発酵完了！/

最初より1.7倍くらいに膨らんだ状態。

× 発酵が進みすぎ（過発酵）

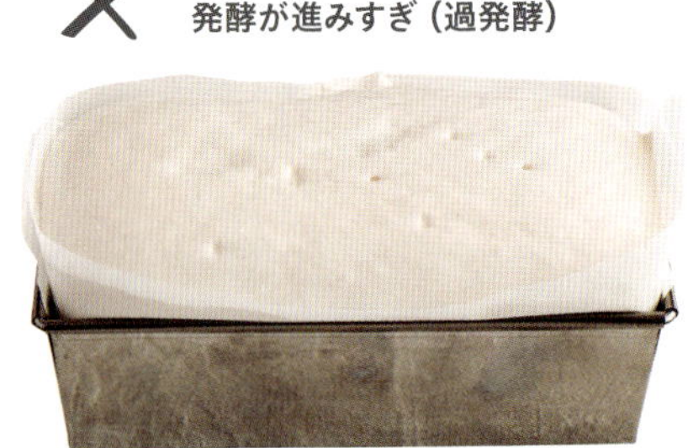

8 ラップを取り、生地のくっつき防止にオーブン用シートをかぶせる。

9 さらにアルミホイルを二重にかぶせる。

空気に触れると
乾燥してひび割れたり
表面がかたくなったりするので
しっかりとアルミホイルで覆う

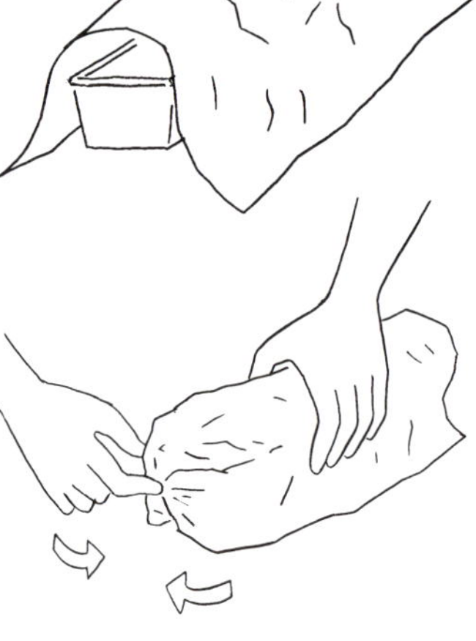

生地が乾燥すると表面がかたく、ひび割れた状態で焼き上がります。

焼く

10 アルミホイルをかぶせた型を160℃のオーブンに入れて10分焼く。

1回目 

11 オーブンを開けずにそのまま温度を200℃に上げて15分焼く。

2回目 200℃ 15分

12 型からアルミホイルを取って200℃で15分焼く。

3回目 200℃ 15分

アルミホイルを取らずに
200℃で30分通して焼くと、
米粉らしい真っ白な
パンが焼き上がります

焼き上がり！

13 焼き上がったら型から取り出し、オーブン用シートをはがして網の上で粗熱をとる。

ふんわりもっちり、
焼き立てが
いちばんおいしい！

焼き立ては生地が
ナイフにくっついてしまうので、
切るのは冷めてから！

ホカホカ
あっちっち！

子どもが喜ぶ 簡単カラフルミニ食パン

かぼちゃ・抹茶・にんじん

arrange!

本書14〜19ページで紹介した基本のミニ食パンの材料に、
にんじん、抹茶、かぼちゃを入れて、カラフルなミニ食パンを作ります。
作り方や準備は、基本のミニ食パンとほぼ同じ。
お湯の温度も季節によって変えてくださいね。

※分量はすべてミニパウンドケーキ型（14×6.5×4.5㎝）1個分

かぼちゃ入りミニ食パン

**かぼちゃを入れることで栄養プラス。
ほんのり甘くて見た目もかわいいです。**

材料

A
- パン用ミズホチカラ ……100g
- 砂糖……5g
- ドライイースト……2g
- 塩……1.5g

お湯(37℃)……90g
油……5g
冷凍かぼちゃ（温めて皮を取りマッシュ）……20g

作り方

ボウルに**A**を入れて混ぜ、お湯、油の次にかぼちゃを入れ、なめらかになりツヤが出るまでゴムべらでよく混ぜる。オーブン用シートを敷いた型に入れ、ラップをして、35℃で15〜30分発酵、ラップを取りアルミホイルをかぶせて160℃で10分、200℃で20分焼く。アルミホイルをはずして200℃で15分焼く。オーブン用シートをはがして網の上で粗熱をとる。

抹茶入りミニ食パン

**ちょっとリッチに抹茶を入れて大人食パンに。
お米と抹茶の香りがとても合います。**

材料

A
- パン用ミズホチカラ ……100g
- 砂糖……5g
- 抹茶……3g
- ドライイースト……2g
- 塩……1.5g

お湯(37℃)……90g
油……5g

作り方

ボウルにAを入れて混ぜ、お湯、油を入れ、なめらかになりツヤが出るまでゴムべらでよく混ぜる。オーブン用シートを敷いた型に入れ、ラップをして35℃で15〜30分発酵、ラップを取りアルミホイルをかぶせて160℃で10分、200℃で15分焼く。アルミホイルをはずし200℃で15分焼く。オーブン用シートをはがして網の上で粗熱をとる。

にんじん入りミニ食パン

**基本のミニ食パンにすりおろしにんじんを入れて栄養UP！
食パンでエネルギーも野菜も採れちゃう。**

材料

A
- パン用ミズホチカラ ……100g
- 砂糖……5g
- ドライイースト……2g
- 塩……1.5g

お湯(37℃)……75g
油……5g
にんじん(すりおろし)……20g

作り方

ボウルに**A**を入れて混ぜ、お湯、油の次ににんじんを入れ、なめらかになりツヤが出るまでゴムべらでよく混ぜる。オーブン用シートを敷いた型に入れ、ラップをして、35℃で15〜30分発酵、ラップを取りアルミホイルをかぶせて160℃で10分、200℃で20分焼く。アルミホイルをはずして200℃で15分焼く。オーブン用シートをはがして網の上で粗熱をとる。

米粉×●●●粉 他の粉を混ぜて風味と食感を変える

手順

材料に合わせて生地を作る

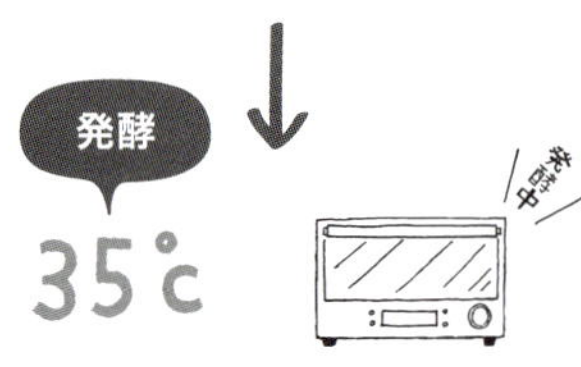

160℃ 10分

200℃ 15分

200℃ 15分

米粉×タピオカ澱粉

製菓用米粉にタピオカ澱粉を入れるとおいしい米粉パンに。パン用の米粉がない時に重宝します。

材料

A
- TOMIZ製菓用米粉……80g
- タピオカ澱粉（11ページ参照）……20g
- 砂糖……5g
- ドライイースト……2g
- 塩……1.5g

お湯（37℃）……75g
油……5g

作り方

基本のミニ食パンの米粉をパン用ミズホチカラからTOMIZ製菓用米粉に変え、タピオカ澱粉を入れる。あとは基本と同じ。

米粉×マイプラス（α米）

α化した米粉マイプラスを製菓用米粉にブレンドすると、米粉パンが簡単に作れます。

材料

A
- TOMIZ製菓用米粉……95g
- マイプラス（11ページ参照）……5g
- 砂糖……5g
- ドライイースト……2g
- 塩……1.5g

お湯（37℃）……90g
油……5g

作り方

基本のミニ食パンの米粉をパン用ミズホチカラからTOMIZ製菓用米粉に変え、マイプラスを入れる。あとは基本と同じ。

米粉に他の粉を混ぜると、また新たな風味と食感が生まれます。
とくに入手しやすい製菓用米粉は、他の粉を混ぜると失敗しにくくなります。
ここでは、TOMIZ製菓用米粉（富澤商店）とパン用ミズホチカラに他の粉を入れて作るレシピを紹介します。準備や作り方の工程は基本のミニ食パンの作り方と同じ。本書14〜19ページを参照しながら作ってくださいね。

※分量はすべてミニパウンドケーキ型（14×6.5×4.5cm）1個分

米粉×大豆粉

低糖質といえば大豆粉！　米粉に大豆粉を加えることで糖質を抑えてヘルシーに。

材料

A
- パン用ミズホチカラ……90g
- 大豆粉……10g
- 砂糖……5g
- ドライイースト……2g
- 塩……1.5g

お湯（37℃）……90g
油……5g

作り方

基本のミニ食パンの米粉を減らし、大豆粉を入れる。あとは基本と同じ。

米粉×そば粉

米粉とそば粉の相性抜群。米粉のもちもち感をそば粉が抑えて新しい食感が楽しめます。

材料

A
- パン用ミズホチカラ……70g
- そば粉……30g
- 砂糖……5g
- ドライイースト……2g
- 塩……1.5g

お湯（37℃）……80g
油……5g

作り方

基本のミニ食パンの米粉を減らし、そば粉を入れる。あとは基本と同じ。

米粉×コーンフラワー

コーンフラワーは米粉ととても相性がよくおいしくなります。軽い食感になりますよ。

材料

A
- パン用ミズホチカラ……70g
- コーンフラワー……30g
- 砂糖……5g
- ドライイースト……2g
- 塩……1.5g

お湯（37℃）……85g
油……5g

作り方

基本のミニ食パンの米粉を減らし、コーンフラワーを入れる。あとは基本と同じ。

米粉パンの
ある生活

焼き立て米粉パンで迎える休日の朝、
いろいろ作って充実のブランチ

1時間ちょっとで焼けてしまう米粉パンなら、[illegible]
ちょっと余裕のある休日の朝は、米粉パンを[illegible]スープ[illegible]
デザートを用意してゆっくりのんびり笑顔の[illegible]

かぼちゃとにんじんの
ココナッツミルクスープ

豆ひじきのサラダ

にんじんとパクチーの
エスニックサラダ

コーヒーゼリー
ミニ食パン
アスパラガスの
ベジドッグ
ホットドッグ

ミニ食パンでホットドッグ

**ミニパウンドケーキ型で作るミニ食パンは食べ切りサイズ。
市販のホットドッグぐらいの大きさなのでいろいろアレンジ可能。**

ホットドッグ ケチャップマスタード

**基本のミニ食パンに縦に切り込みを入れ、
中に具を入れたらボリューム満点なホットドッグ。
食べ応え十分、ひとつでお腹いっぱいになります！**

材料 1個分

基本のミニ食パン（14〜19ページ参照）……1個
キャベツ……適量
ソーセージ……1本
お好みでケチャップ……適量
お好みで粒マスタード……適量
パセリ……少々

作り方

1. パンに縦半分に切り込みを入れる。キャベツをせん切りにする。パセリはみじん切りにする。
2. パンの中にキャベツを入れ、焼いた、または茹でたソーセージをのせ、お好みでケチャップやマスタードをかけ、パセリを振る。

アスパラガスのベジドッグ くるみ味噌ディップ

**米粉100%のパンだから野菜でベジドッグに。
グリーンアスパラガスを入れて
野菜をたっぷり食べましょう。**

材料 1個分

基本のミニ食パン（14〜19ページ参照）……1個
アスパラガス……3本
〈くるみ味噌〉
　ローストくるみ……15g
　味噌……15g
　砂糖……小さじ½
バター（有塩）……10g
ピンクペッパー……少々

作り方

1. パンに縦半分に切り込みを入れる。
2. アスパラガスは根元から⅓ほど皮をむく。フライパンに油（分量外）を熱し、アスパラガスを炒めて火を通す。
3. くるみをポリ袋に入れ麺棒で叩き小さく砕く。ボウルにくるみと味噌と砂糖を入れて混ぜ合わせる。
4. パンにバターとくるみ味噌を塗り、**2**をのせてピンクペッパーを散らす。

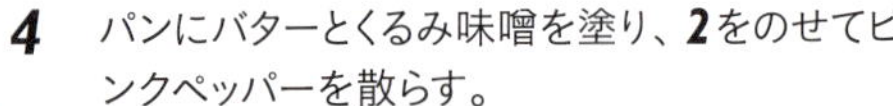

米粉パンのある朝食に添えたいサイドメニュー

にんじんとパクチーの
エスニックサラダ

甘酸っぱい南国風サラダです。
パクチーの香りが食欲をそそります。

■材料（作りやすい分量）

にんじん……1本（200g）
パクチー……100g
お好みのローストナッツ類……50g

A
ナンプラー……大さじ1
はちみつ……大さじ1
レモン果汁……小さじ1
酢……小さじ1

■作り方

1 にんじんをせん切りに、パクチーはざく切りにする。ナッツ類は包丁で細かくきざむ。
2 ボウルに**A**を混ぜ合わせ、**1**を加えて和える。

かぼちゃとにんじんの
ココナッツミルクスープ

栄養満点のスープにココナッツミルクを
入れて、風味とコクをUP。

■材料（2人分）

かぼちゃ……¼個（300g）
玉ねぎ……½個（100g）
にんじん……½本（100g）
水……200mℓ
塩……小さじ½
ココナッツミルク……200mℓ
粗挽き黒こしょう……少々
ディル……少々

■作り方

1 かぼちゃを一口大に、玉ねぎをみじん切り、にんじんを小さくいちょう切りにする。
2 鍋に**1**と水と塩を入れて蓋をして火にかけ、沸騰したら弱火で10分煮込む。ココナッツミルクを入れてさらに10分煮込む。
3 具を木べらでつぶしながらよく混ぜ、器に注いだら黒こしょうを振り、ディルを散らす。

コーヒーゼリー

もう買わない！　インスタントコーヒーで簡単に。
おうちで作れるとろりんコーヒーゼリー。

■材料（作りやすい分量）

水……400mℓ
インスタントコーヒー……大さじ2
砂糖……大さじ3
粉ゼラチン……5g
ミントの葉……適量

■作り方

1 鍋に水を入れ、沸騰手前で火を止める。インスタントコーヒーと砂糖を入れよく混ぜ、溶けたら粉ゼラチンを入れて溶かす。
2 **1**をグラスやバットに流し入れ、粗熱がとれたら冷蔵庫で冷やす。
3 お好みでミントを飾る。

豆ひじきのサラダ

たくさん作って作り置きにも。
栄養満点な1品になります。

■材料（作りやすい分量）

ひじき……10g
にんじん……½本（100g）
きゅうり……1本（100g）
大豆缶……100g

A
しょうゆ……大さじ1
酢……大さじ1
ごま油……大さじ1
白いりごま……大さじ1

塩……少々
こしょう……少々

■作り方

1 ひじきを水で軽く洗い、鍋にたっぷりの水とひじきを入れて6～7分沸騰させてザルにあげる。
2 にんじんときゅうりを4cm長さの細切りにする。
3 大豆を水で洗い水気をきる。
4 ボウルに**A**を入れて混ぜ、**1**～**3**を加えて混ぜる。塩、こしょうで味を調える。器にレタスを敷き、サラダを盛る。

arrange!

市販の食パンみたい！米粉×タピオカ澱粉で作る一斤食パン

一斤食パン用の型があれば、
米粉で市販品のような食パンが作れます。
大きくすると失敗しやすい米粉パンも
タピオカ澱粉を入れることで
安定して作れるようになります。
あとは基本のミニ食パンと同じ作り方。
ぜひトライしてみて！

材料 一斤型1個分

A
- パン用ミズホチカラ……350g
- タピオカ澱粉（11ページ参照）……40g
- 砂糖……20g
- ドライイースト……6g
- 塩……4.5g

お湯（37℃）……320g
油……20g

準備

- 37℃のお湯を用意する。
- 型にオーブン用シートを敷く。

作り方

1 ボウルに**A**を入れて泡立て器でよく混ぜる。

2 **1**にお湯と油を入れてゴムべらで混ぜ、生地がなめらかになり、ツヤが出るまで3分程度、または50回ほどぐるぐるとしっかりかき混ぜる。

hint

お湯320gのうち
最初は10gほど残して入れ、
生地の様子を見ながら
増やしていき、生地が
リボン状になるくらいにする。
かたい場合は少しお湯を足す

3 型に**2**の生地を流し入れて蓋をし、オーブンの発酵機能を使い35℃で20〜40分程度発酵させる。

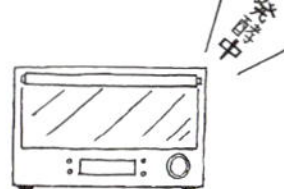

35℃ 20分〜40分

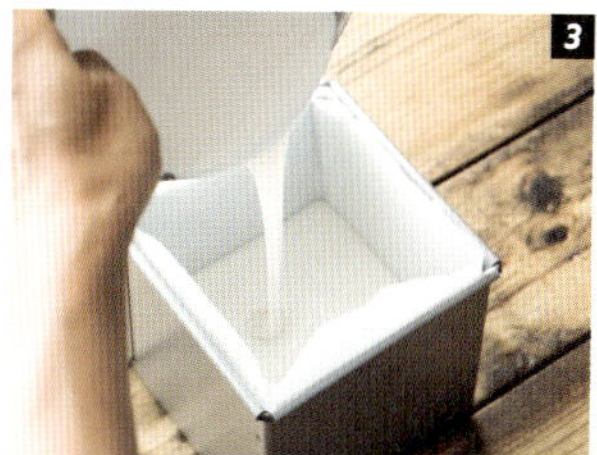

夏と冬では発酵に
要する時間が異なるため、
発酵時間ではなく
生地の発酵状態で判断すること

4 型の八分目程度まで膨らんだら発酵完了。取り出して、オーブンを160℃に予熱する。

オーブンの予熱完了までには
5分程度かかるので、
型の八分目程度のふくらみで
取り出しておく。
ちょうどよい発酵状態で
取り出してから予熱スタートすると、
生地が過発酵になって
しまうので注意

5 生地が蓋につかないようにオーブン用シートをのせる。蓋をする。

6 160℃のオーブンで20分焼く。

7 オーブンを開けずにそのまま温度を200℃に上げて30分焼く。

200℃ 30分

8 焼き上がったら型から取り出し、オーブン用シートをはがして網の上で粗熱をとる。

hint

熱いうちは
生地がナイフに
くっついてしまうので、
パンを切る時は
冷めてから

市販の食パンみたい！
米粉×タピオカ澱粉で作る
一斤食パン

角食パン mini

牛乳パックで角食パンminiを作ってグラタンカップに

arrange!

牛乳パックの下部を使って型を作り、7㎝四方のかわいい食パンを作りましょう。中をくり抜いて器にし、カレーやホワイトグラタンを入れて焼いたらとってもフォトジェニックでおいしい一品の完成です！

※角食パンminiは本書14〜19ページの作り方と同じです。参照しながら作ってください。

角食パンmini

材料 **牛乳パックの型（7×7×7〜8㎝）1個分**

A
- パン用ミズホチカラ……80g
- 砂糖……4g
- ドライイースト……1.5g
- 塩……1g

お湯（37℃）……65g
油……4g

準備

- 牛乳パックで型を用意する（右記参照）。
- 牛乳パック型にオーブン用シートを敷く。

作り方

1 ボウルに**A**を入れて泡立て器でよく混ぜる。お湯と油を入れてゴムべらでよく混ぜて、生地がなめらかになりツヤが出るまで2分程度、または30回ほどぐるぐるとしっかりかき混ぜる。

2 型に**1**を流し入れ、しっかりラップをして、オーブンの発酵機能を使い35℃で15〜30分程度発酵させる。

▶季節によって発酵の進み具合が異なるので様子を見て発酵時間を決める。最初より1.5〜1.7倍ほどに生地が膨らめばOK

3 ラップを取り、オーブン用シートをかぶせてからアルミホイルを二重にかぶせる。160℃に予熱したオーブンで10分、200℃に上げて15分焼く。アルミホイルをはずし、200℃で15分焼く。

4 焼き上がったら型から取り出し、オーブン用シートをはがして網の上で粗熱をとる。

牛乳パックで作る型

牛乳パックは、底から高さ7〜8㎝のところで切り、外側をアルミホイルできっちり覆ってください。

注意！

牛乳パックに直接生地を入れてオーブンで焼くのは危険です。必ずアルミホイルを巻いて使いましょう。

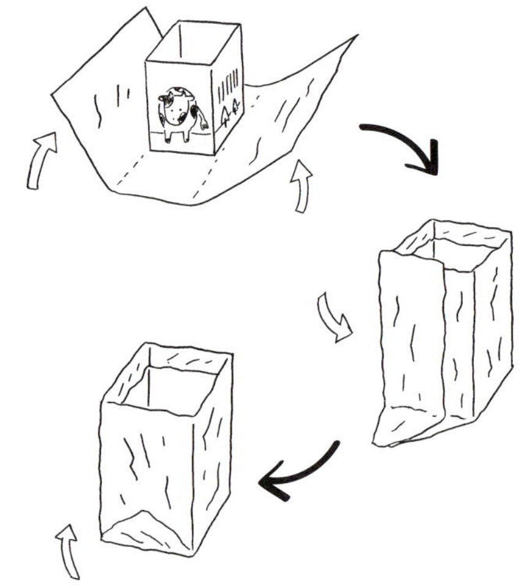

角食パンmini

アレンジ

焼きカレーパン

牛乳パックの角食パンminiの中をくりぬいてお皿代わりに。最後はパンも一緒にどうぞ！

材料 角食パンmini1個分

角食パンmini（32ページ参照）……1個
米粉スパイスカレー（35ページ参照）……適量
ピザ用チーズ……適量

準備

- オーブンを200℃に予熱する。

作り方

1 角食パンminiの上部を薄く切り取り、白いパンの部分をくり抜いてグラタンカップを作る。

2 1を耐熱皿の上に置き、米粉スパイスカレーを流し入れる。ピザ用チーズをたっぷりのせる。

3 2をオーブンで10分ほど、チーズに焼き色がつくまで焼く。

オーブントースターで焼いても。
上部が焦げ過ぎないよう注意

焼きカレーパンに添えたいサラダ

白菜のサラダ

生の白菜をそのままざくざくとどうぞ。野菜がたっぷり食べられるサラダ。

■材料（2人分）

白菜……¼個（300g）
きゅうり……1本（100g）
塩……小さじ½
コーン缶……50g
A ナンプラー……大さじ½
　マヨネーズ……大さじ1
　酢……小さじ½
　白いりごま……大さじ1
　桜えび……大さじ2

■作り方

1 白菜ときゅうりをせん切りにしてボウルに入れ、塩を混ぜて少し時間をおく。出てきた水気をぎゅっと絞る。水気をきったコーンを加える。

2 1にAを加え、よく混ぜる。

米粉スパイスカレー

**米粉を使ってカレーが作れるなんて！　と驚いたアナタ。
ごはんのカレーにとっても相性がいいんですよ。**

材料　作りやすい分量

玉ねぎ……½個(100g)
にんじん……½本(100g)
じゃがいも……1個(150g)
オリーブオイル……大さじ1
豚ひき肉……150g

A
- トマト水煮缶(カット)……200g
- コンソメ(キューブ)……1個
- ターメリックパウダー……大さじ1
- ウスターソース……大さじ2
- りんご(すりおろし)……½個分
- はちみつ……大さじ2
- カレー粉……小さじ2
- 塩……小さじ½

水……200mℓ
〈水溶き米粉〉
- TOMIZ製菓用米粉……大さじ1と½
- 水……大さじ3

お好みでガラムマサラ、カレー粉……適量
温かいご飯……適量
乾燥パセリ……適量

作り方

1. 玉ねぎをみじん切りにし、にんじんとじゃがいもを小さめの一口大に切る。
2. 鍋にオリーブオイルを入れて熱し、玉ねぎを炒め、にんじんとじゃがいも、ひき肉を炒める。**A**と水を入れて、野菜がやわらかくなるまで煮込む。
3. 水溶き米粉を**2**に加えてとろみがつくまで煮込む。味を見て足りなければ塩（分量外）を足す。お好みでガラムマサラと、カレー粉を足して辛さを調える。
4. 温かいご飯と共に皿に盛り付ける。ご飯にパセリをふる。

ガラムマサラとカレー粉をプラスするとよりおいしいです。子ども用は控えめにしてくださいね。

キャベツとしらすのにんにく炒め

**米粉パンのおかずにぴったりですが、
実はお酒のおつまみにもなる一品。**

■材料（2人分）

キャベツ……¼個(300g)
にんにく……ひとかけ
オリーブオイル……大さじ2
しらす……50g
塩……小さじ½

■作り方

1. キャベツをざく切りにし、にんにくをみじん切りにする。
2. フライパンにオリーブオイルとにんにくを入れて熱し、香りが立ったらキャベツを敷き詰め、その上にしらすをのせる。塩を振り入れ、蓋をして5分程度弱火で蒸し焼きにする。
3. キャベツがしんなりしたら全体をよく混ぜる。

タコとトマトのオニオンサラダ

**切って和えるだけのスピードレシピ。
さっぱりしていていくらでも食べられちゃう。**

■材料（2人分）

刺身用タコ……200g
トマト……1個(150g)
玉ねぎ……½個(100g)
パセリ(生)……少々

A
- オリーブオイル……大さじ2
- 酢……大さじ1
- しょうゆ……大さじ1

塩……少々
こしょう……少々

■作り方

1. タコを1.5cm角に、トマトを2cm角に切る。玉ねぎとパセリはみじん切りにする。
2. ボウルに**A**を混ぜ合わせ、**1**を加えて混ぜ合わせる。塩、こしょうで味を調える。

米粉えびグラタンパン

グラタンパンから流れ出るチーズがとろーり。たまらなくおいしそう。

材料 角食パンmini1個分

角食パンmini(32ページ参照)……1個
米粉えびグラタン(右記参照)……適量
ピザ用チーズ……適量

準備

- オーブンを200℃に予熱する。

作り方

1 角食パンminiの上部を薄く切り取り、白いパンの部分をくり抜いて、グラタンカップを作る。
2 1を耐熱皿の上に置き、米粉えびグラタンを流し入れる。ピザ用チーズをたっぷりのせる。
3 2をオーブンで10分ほど、チーズに焼き色がつくまで焼く。

オーブントースターで焼いても。上部が焦げ過ぎないよう注意

米粉えびグラタン

米粉でとろみづけすればとっても簡単！ダマにもなりません。

材料 (作りやすい分量)

玉ねぎ……½個(100g)
しめじ……½パック
バター(有塩)……10g
茹でえび……100g
牛乳……300mℓ
TOMIZ製菓用米粉……大さじ2
コンソメキューブ……½個
塩……少々

作り方

玉ねぎは薄切り、しめじは石づきを取ってほぐす。フライパンを熱してバターを入れ、玉ねぎとしめじをしんなりするまで炒める。えびを加え、牛乳と米粉を入れ泡立て器で混ぜて溶かし、コンソメと塩を加える。弱火で混ぜながらとろみをつける。

グラタンパンに添えたいサラダ

ブロッコリーのごまクミン和え

クミンパウダーが隠し味。いつもと違うごま和えをどうぞ。

■材料 (2人分)

ブロッコリー……1個(200g)
A 白すりごま……大さじ2
A 砂糖……小さじ1
A しょうゆ……小さじ2
A クミンパウダー……小さじ¼

■作り方

1 小房に分けたブロッコリーを塩茹で(分量外)し、水気をしっかりきる。
2 Aをよく混ぜ、1と和える。

チョップドサラダ

たくさんの種類の野菜を一気に食べられる嬉しいサラダ。

■材料 (2人分)

A オリーブオイル……大さじ3
A にんにく(すりおろし)……小さじ½
A しょうゆ……小さじ½
A 酢……小さじ1
A 塩……小さじ½
レタス……4枚
きゅうり……1本(100g)
トマト……1個(150g)
アボカド……1個
コーン缶……50g
スモークサーモン……100g
黒オリーブ(輪切り)……30g
茹で卵……1個
ローストくるみ……10g

■作り方

1 Aを混ぜてドレッシングを作る。
2 野菜とスモークサーモンを食べやすい大きさに切る。
3 ボウルに1と2、黒オリーブとコーンを入れ和える。器に盛り付け、4つに切った茹で卵をのせ、手で割ったくるみを散らす。

米粉パンのサンドイッチ

ボリュームたっぷり！一斤食パンで萌え断サンド

米粉パンで萌え断サンドを作りましょう。好きな具を好きなだけはさんだらテンションMAX！

材料 2人分

卵……2個
1斤食パン（28～29ページ参照・1cm幅にスライス）……4枚
バター（有塩）……適量
粒マスタード……適量
レタス……4枚
ハム……4枚
マヨネーズ……適量
アボカド……½個
チェダーチーズ……2枚
紫キャベツ……50g

作り方

1. 目玉焼きを作る。レタスをパンの大きさにちぎる。紫キャベツはせん切りにし、アボカドを縦1cm幅にスライスする。
2. スライスしたパン4枚の内側にバター、粒マスタードの順に塗る。2枚にレタス、ハム、目玉焼き、マヨネーズ、アボカド、チーズ、紫キャベツをのせ、残りのパンをのせる。
3. ワックスペーパーでサンドイッチをしっかり包み、ペーパーごと半分にカットする。

フルーツサンド
米粉カスタードクリーム＆米粉チョコクリーム

**かわいいサイズのフルーツサンド。
米粉で作ったカスタードとチョコのクリームをはさんで。**

材料 2人分

角食パンmini(32ページ参照)……2個
米粉カスタードクリーム……適量
米粉チョコクリーム……適量
キウイ……½個
お好みのフルーツ缶……適量

作り方

1. 角食パンminiを1cm幅にスライスする。キウイを薄く輪切りにする。フルーツ缶の水気をきる。
2. パンの両面にカスタードクリームを塗り、キウイをのせてパンではさむ。パンの両面にチョコクリームを塗り、フルーツをのせてパンではさむ。

どちらも牛乳を無調整豆乳に変えてもOK

米粉カスタードクリーム

**米粉でおいしく簡単に作れます。
たくさん作って冷凍も可能です。**

■**材料（作りやすい分量）**

卵……1個
砂糖……20g
TOMIZ製菓用米粉……10g
牛乳……200g
バニラエッセンス……2滴
バター(有塩)……10g

■**作り方**

1. ボウルに卵と砂糖を入れて泡立て器でよく混ぜ、米粉を振り入れ、さらに混ぜる。
2. **1**に牛乳とバニラエッセンスを入れて泡立て器で混ぜる。
3. フライパンに**2**を入れて中火にかけ、耐熱のゴムべらで絶えずかき混ぜる。ふつふつと沸騰し始めたら弱火にし、さらに30秒ほどかき混ぜながら火を通す。
4. 火を止め、バターを入れてかき混ぜる。保存容器に移し、冷蔵庫で冷やす。

米粉チョコクリーム

**パンにつけたり、お菓子に使ったりできる
万能クリーム。**

■**材料（作りやすい分量）**

A
TOMIZ製菓用米粉……20g
寒天パウダー……1g
砂糖……20g
純ココア(ふるいにかける)……大さじ1

B
牛乳……200g
油……小さじ1
塩……ひとつまみ

お好みでココナッツミルク……大さじ1

■**作り方**

1. ボウルに**A**を入れ泡立て器でよく混ぜる。
2. 別のボウルに**B**を入れて泡立て器でよく混ぜ、**1**に流し入れ、さらによく混ぜる。
3. フライパンに**2**を入れて中火にかけ、耐熱のゴムべらで絶えずかき混ぜる。ふつふつと沸騰し始めたら弱火にし、さらに30秒ほどかき混ぜながら火を通す。
4. 火を止め、ココナッツミルクを入れてかき混ぜる。保存容器に移し、冷蔵庫で冷やす。

ココナッツミルクはなくてもOK。入れると風味が加わりリッチな味わいに。余ったココナッツミルクは製氷皿に入れて凍らせておくといろいろ使えて便利です。

フレンチトースト

卵たっぷりのふわ〜りとろ〜りの幸せのトーストをおしゃれにスキレットでどうぞ！

材料 1人分

ミニ食パン（1㎝幅にスライス）……4枚

A
- 卵……1個
- 牛乳……100㎖
- 砂糖……大さじ½
- 塩……少々

バター（有塩）……10g

お好みでメープルシロップ……適量

ミントの葉……適量

作り方

1. ボウルに**A**を入れ、泡立て器でよく混ぜる。
2. バットにパンを置いて**1**を流し入れ、ときどき返しながら両面を5分程度浸す。
3. スキレットを熱々に熱し、一旦火からはずして落ち着かせてからバターを溶かし、**2**を入れて両面にこんがりと焼き色がつくまで焼く。お好みでメープルシロップをかける。ミントを飾る。

クロックムッシュ風

中からチーズがとろ〜り、卵たっぷり。パンにからまってさらに美味しくなります。

材料 1人分

一斤食パン（1㎝幅にスライス）……2枚

A
- 卵……1個
- 牛乳……100㎖
- 塩……少々

バター（有塩）……10g

ベーコン（焼いておく）……2枚

溶けるスライスチーズ……2枚

乾燥パセリ……少々

作り方

1. ボウルに**A**を入れ、泡立て器でよく混ぜる。
2. バットにパンをおいて**1**を流し入れ、ときどき返しながら両面を5分程度浸す。
3. スキレットを熱々に熱し、一旦火からはずして落ち着かせてからバターを溶かし、**2**のパン1枚とベーコン、チーズ1枚を順にのせる。残りのパンをのせ、残りのチーズをのせパセリを散らす。
4. **3**をトースターに入れ、チーズがこんがりと色づくまで焼く。

肉じゃがブルーチーズ

残った肉じゃがにブルーチーズをのせて
洋風にリメイク。パンとの相性も抜群です。

材料 1人分

一斤食パン(2cm幅にスライス)……1枚
バター(有塩)……10g
肉じゃが……200g
ブルーチーズ……20g

作り方

スキレットにバターを塗り、パンを入れて肉じゃがをのせ、ブルーチーズをのせる。トースターに入れ、チーズがこんがりと色づくまで10分ほど焼く。

Meat and potatoes, Gorgonzola

熱々スキレットにのせて ごちそう米粉パン

arrange!

ちくわとアボカドの ピリ辛マヨ

豆板醤でピリ辛にしたマヨネーズがいい。
すぐに作れるスピード料理です。

材料 1人分

一斤食パン(2cm幅にスライス)……1枚
アボカド……½個
ちくわ……2本
A マヨネーズ……15g
A レモン果汁……小さじ½
A 豆板醤……小さじ⅓
バター(有塩)……10g
ピザ用チーズ……50g
セルフィーユ……適量

作り方

1. ちくわとアボカドを1cm角程度に切る。ボウルにAを入れて混ぜ合わせる。
2. スキレットにバターを塗り、パンを入れて1とチーズをのせる。トースターに入れ、チーズに焼き色がつくまで焼く。お好みでセルフィーユをのせる。

Chikuwa and Avocado

ハーフ&ハーフでおいしいの２倍増し

米粉パンのピザ

基本のピザ生地

大きめのバットで薄くクリスピー風に、厚めに焼けばもちもち風にと食感もいろいろ楽しめます。基本のミニ食パン（14〜19ページ参照）の2倍量で作りますが発酵まで作り方は同じ。型ではない分、むしろ簡単にできちゃうかも。

材料 20×25㎝のバット1個分

A
- パン用ミズホチカラ……200g
- 砂糖……10g
- ドライイースト……4g
- 塩……3g

お湯(37℃)……170g
油……10g

作り方

1 ボウルにAを入れて泡立て器でよく混ぜる。お湯、油の順に入れてゴムべらでよく混ぜて、生地がなめらかになりツヤが出るまで2分程度、または30回ほどぐるぐるとかき混ぜてしっかり混ぜる。

2 オーブン用シートを敷いたバットに1を流し入れる。ラップをしてオーブンの発酵機能を使い35℃で20〜30分発酵させ取り出し、160℃で予熱する。

3 ラップをはずし、ピザの具（下記参照）をのせる。

マルゲリータとアンチョビレモン

定番と酸味ピザの2種を1度に楽しんで。

マルゲリータ

■材料（作りやすい分量）
- オリーブオイル……大さじ1
- にんにく(みじん切り)……1かけ分
- トマト水煮缶(カット)……200g
- 塩……少々
- こしょう……少々
- モッツァレラチーズ……50g
- バジルの葉(生)……適量

アンチョビレモン

■材料（バット半量分）
- キャベツ……2枚(100g)
- 塩……小さじ¼
- A
  - たくあん(みじん切り)……30g
  - マヨネーズ……25g
  - レモン果汁……小さじ1
- アンチョビ(みじん切り)……20g
- カッテージチーズ……30g
- レモン(輪切り)……3枚
- セルフィーユ……適量

■作り方

1 マルゲリータのソースを作る。フライパンにオリーブオイルとにんにくを入れて火にかけ、香りが立ったらトマト缶を入れて煮詰め、塩、こしょうで味を調える。発酵後の生地（上記参照）の半分にソースを塗る。

2 アンチョビレモンの具を準備する。キャベツをせん切りにし、塩を振って水気をしっかりきる。混ぜ合わせたAを発酵後の生地（上記参照）の半分に塗り、キャベツ、アンチョビ、チーズ、レモンをのせる。

3 バットにアルミホイルをしっかりかぶせて、160℃のオーブンで10分、200℃に上げて20分焼く。

4 アルミホイルをはずし、マルゲリータのソースの上にモッツァレラをのせて200℃で10分焼く。焼き上がったらそれぞれバジル、セルフィーユをのせる。

りんごのシナモン焼きとチョコバナナとマシュマロ

デザートピザは欲張りさんのために2種類の味で。

りんごのシナモン焼き

■材料（バット半量分）
- りんご……½個
- A
  - グラニュー糖……小さじ1
  - シナモン……小さじ½
- マスカルポーネ……30g
- アーモンドスライス……10g

チョコバナナとマシュマロ

■材料（バット半量分）
- バナナ……1本
- 板チョコ……1枚
- マシュマロ……30g

■作り方

1 りんごのシナモン焼きの具の準備をする。りんごを皮付きのまま芯を取り、薄くスライスする。発酵後の生地（上記参照）の半分にりんごを敷き詰め、混ぜ合わせたAを全体に振り、マスカルポーネをのせ、アーモンドスライスをのせる。

2 チョコバナナとマシュマロの具の準備をする。バナナを1㎝の輪切りにする。板チョコを適当な大きさに手で割る。発酵後の生地（上記参照）の半分にバナナを敷き詰め、板チョコをのせる。

3 バットにアルミホイルをしっかりかぶせて、160℃のオーブンで10分、200℃に上げて20分焼く。

4 アルミホイルをはずし、チョコバナナの上にマシュマロをのせて200℃で10分焼く。

まるでパン屋さん?!
米粉の総菜パン

ミニ食パンと同じ分量、同じ作り方で生地を作ります。
流し入れる型をミニパウンド型からアルミ製マドレーヌ型に変えて作れば、
アレンジはそれこそ無限です。

基本の総菜パンの作り方

ここでは生地の作り方から発酵、具をのせて焼き上げるための手順を紹介。
46～47ページで紹介した具の他、お好みの具をのせて楽しんでくださいね。

材料 直径10cmのマドレーヌ型4個分

A
- パン用ミズホチカラ……100g
- 砂糖……5g
- ドライイースト……2g
- 塩……1.5g

お湯(37℃)……85g
油……5g
お好みの具(46～47ページ参照)
……総菜パン4個分

準備

●マドレーヌ型に油（分量外）を塗り、バットに並べる。

作り方

1 ボウルにAを入れて泡立て器でよく混ぜる。お湯、油の順に入れてゴムべらでよく混ぜて、生地がなめらかになりツヤが出るまで2分程度、または30回ほどぐるぐるとかき混ぜてしっかり混ぜる。
2 生地を型4個に分け入れる。バット全体にかかるようにラップをする。
3 オーブンの発酵機能を使い、35℃で15～25分発酵させたら取り出し、オーブンを160℃に予熱する。
4 ラップを取り、型の生地にそれぞれお好みの具をのせる。
5 バット全体にアルミホイルをかぶせて、160℃のオーブンで10分、200℃に上げて20分焼く。
6 5のアルミホイルをはずし、200℃で10分焼く。

米粉パン
大好き！

HIRO's MEMO

●マドレーヌ型よりも深さのあるバットに入れると、発酵・焼き上げで膨らんだ生地がラップやアルミホイルにつかないので、きれいな焼き上がりになります。
●米粉パンはごはんに合うおかずとの相性が抜群。だから海苔の佃煮やきんぴらごぼう、ねぎ味噌、ひじきの煮物といった常備菜が立派な具になります。いろいろな具に挑戦してみてくださいね。

これでおやつはバッチリ！ おかずパンからスイートなパンまで

※生地の作り方は45ページとすべて同様です。

ARRANGE 1

ソフトいちじくのブルーチーズパン

ちょっとおしゃれな組み合わせの惣菜パンは女子会にどうぞ。

材料

基本の総菜パン生地……4個分
ソフトいちじく……30g
ブルーチーズ……50g
黒オリーブ（輪切り）……20g
オリーブオイル……大さじ1

作り方

1 ソフトいちじくを小さくきざむ。
2 発酵した生地に1とブルーチーズ、オリーブをのせ、オリーブオイルを全体にかける。バット全体にアルミホイルをかぶせて160℃のオーブンで10分、200℃に上げて20分焼く。
3 2のアルミホイルをはずし、200℃で10分焼く。

ARRANGE 2

ツナコーンのチーズパン

お手軽な材料でささっと作れちゃう。おやつにぴったり。

材料

基本の総菜パン生地……4個分
ツナ缶（油きりする）……70g
コーン缶（水きりする）……50g
マヨネーズ……適量
ピザ用チーズ……50g
乾燥パセリ……適量

作り方

1 発酵した生地にツナとコーンをのせ、マヨネーズをかけてチーズをのせる。
2 バット全体にアルミホイルをかぶせて160℃のオーブンで10分、200℃に上げて20分焼く。
3 2のアルミホイルをはずし、200℃で10分焼く。焼き上がったらパセリをふる。

ARRANGE 3

カニカマカレーマヨパン

マヨネーズにカレー粉をきかせてスパイシーに。

材料

基本の総菜パン生地……4個分
カニカマ……100g
マヨネーズ……30g
カレー粉……小さじ½
パクチー……適量

作り方

1 ボウルにカニカマをほぐし、マヨネーズとカレー粉を入れてよく混ぜる。
2 発酵した生地に1をのせ、バット全体にアルミホイルをかぶせて160℃のオーブンで10分、200℃に上げて20分焼く。
3 2のアルミホイルをはずし、200℃で10分焼く。焼き上がったらきざんだパクチーをのせる。

ARRANGE 4

豚ニラキムチパン

**しっかり味の惣菜パンで飽きない味。
お弁当にしても喜ばれます。**

材料

基本の総菜パン生地
……4個分
豚バラ肉……50g
ニラ……25g
キムチ……50g
しょうゆ……小さじ1
ごま油……小さじ1
きざみ海苔……⅓枚

作り方

1 豚肉を小さく切る。ニラを2cm長さに切る。

2 フライパンにごま油を入れて熱して肉を炒め、色が変わったらニラを入れてしんなりするまで炒める。キムチとしょうゆを入れ軽く炒める。

3 発酵した生地に**2**をのせ、バット全体にアルミホイルをかぶせて160℃のオーブンで10分、200℃に上げて20分焼く。

4 **3**のアルミホイルをはずし、200℃で10分焼く。焼き上がったら海苔をのせる。

▶具が焦げやすいので焼き時間は様子を見て短くして

ARRANGE 5

あんずとあんこのマスカルポーネパン

**あんこにマスカルポーネ、
これがクセになる意外なお味。**

材料

基本の総菜パン生地
……4個分
あんずシロップ煮……4個
粒あん……80g
マスカルポーネ……40g

作り方

1 あんずの水気をきっておく。

2 発酵した生地に**1**、粒あん、マスカルポーネをのせ、バット全体にアルミホイルをかぶせて160℃のオーブンで10分、200℃に上げて20分焼く。

3 **2**のアルミホイルをはずし、200℃で10分焼く。

▶具が焦げやすいので焼き時間は様子を見て短くして

ARRANGE 6

パイナップルのコンデンスミルクパン

**パイナップルの酸味ととろーり甘いコンデンスミルク、
絶対みんな大好き。**

材料

基本の総菜パン生地
……4個分
パイナップルシロップ煮……4枚
練乳……大さじ4
ココナッツファイン……適量

作り方

1 パイナップルの水気をきっておく。

2 発酵した生地にパイナップルをのせ、練乳をかけココナッツファインをふる。バット全体にアルミホイルをかぶせて160℃のオーブンで10分、200℃に上げて20分焼く。

3 **2**のアルミホイルをはずし、200℃で10分焼く。

米粉パンのある生活

米粉パンでお弁当

米粉の揚げ物は時間が経ってもサクサク食感が長持ちするのでお弁当に最適。
子どもが大好きなおかずを持ってピクニックに行っちゃおう。

米粉と豆腐のチキンナゲット

混ぜて焼くだけの簡単ヘルシーふわふわナゲットを手軽に！

材料 作りやすい分量

鶏むね肉……2枚（360g）
木綿豆腐……150g

A
- TOMIZ製菓用米粉……50g
- 油……大さじ1
- マヨネーズ……大さじ1
- 酒……小さじ1
- しょうゆ……小さじ1
- 塩・こしょう……少々

揚げ油……適量

〈ソース〉
- 粒マスタード……大さじ2
- ケチャップ……大さじ2

作り方

1. 豆腐を電子レンジで1分加熱し、ペーパータオルに包んでしっかり水気をきる。
2. 鶏肉の皮を取ってそぎ切りにし、包丁で叩いてミンチ状にする。
   ▶フードプロセッサーでミンチにしてもOK
3. ボウルに**1**の豆腐、**2**の鶏肉、**A**を入れよく混ぜる。
4. フライパンに2cm程度油を入れて170℃に熱し、スプーンですくった**3**の生地を平らにならしながら5〜6分きつね色になるまで両面揚げ焼きにする。
5. 混ぜ合わせたソースを添える。

米粉アメリカンドッグ

子どもが大好き！　かりっとふわっと、冷めてもおいしい一口アメリカンドッグ。

材料　20個分

ウインナーソーセージ……10本
爪楊枝……20本
揚げ油……適量

A
- TOMIZ製菓用米粉……100g
- 砂糖……大さじ1
- ベーキングパウダー……小さじ1
- 塩……少々

牛乳……80g

作り方

1. ソーセージを半分に切り、爪楊枝をさす。
2. ボウルに**A**を入れ泡立て器でよく混ぜる。
3. **2**に牛乳を入れてゴムべらで手早く混ぜる。**1**を生地にしっかり回しつけ、160℃に熱した油で4〜5分こんがり揚げる。

HIRO's MEMO
ホットケーキの生地のようにトロトロの状態になるよう牛乳の量を調整してください。

ミニ食パンで卵とほうれん草のサンドイッチ

子どもも大人も大好きな定番の卵サンド！これを作れば間違いないですね。

材料　ミニ食パン1個分

ミニ食パン（14〜19ページ参照）……1個
卵……2個

A
- マヨネーズ……適量
- 塩……少々
- こしょう……少々

ほうれん草……⅓束（100g）
ココナッツオイル……小さじ1
クミンシード……小さじ½
塩……ふたつまみ

作り方

1. 卵を茹でて細かくつぶし、**A**を入れて混ぜる。
2. ほうれん草を3cm長さに切り、フライパンにココナッツオイルとクミンシードを入れて熱し、ほうれん草をさっと炒め塩を振る。
3. パンの底を切り離さないように注意しながら1cm幅に切り込みを入れる。切り込みに卵とほうれん草をはさむ。

3 もっと米粉パン

真っ白ふわもち 鍋でミニ食パン

パンはオーブンで焼くだけじゃない！　鍋で立派に作れちゃいます。
ふわふわ真っ白なパン、手土産にしたら驚かれるかも。

材料 ミニパウンドケーキ型（14×6.5×4.5㎝）1個分

A
- パン用ミズホチカラ……100g
- 砂糖……5g
- ドライイースト……2g
- 塩……1.5g

お湯（37℃）……85g
油……5g

準備

- 型にオーブン用シートを敷く。

作り方

1. ボウルに**A**を入れて泡立て器でよく混ぜる。お湯、油の順に入れてゴムべらでよく混ぜて、生地がなめらかになりツヤが出るまで2分程度、または30回ほどぐるぐるとしっかりかき混ぜる。
2. 型に**1**を流し入れる。鍋に入れ蓋をする。10秒程度火にかけてすぐに火を消し、そのまま15分程度おいて生地を発酵させる。
3. 生地が1.5〜1.7倍程度に膨らんだら蓋をしたまま弱火にかけて20分焼く。
4. 焼き上がったら、蓋の水滴が落ちないように気をつけながら取り出し、型からはずし、オーブン用シートをはがして網の上で粗熱をとる。

hint
鍋の外側を手で触れるぐらいの温かさになれば火を止めてOK

2

3

- 鍋はステンレスやアルミ素材のものがおすすめです。
- 火加減はごく弱火にしてください。

ふわもち白パン

フライパンで米粉パン

フライパンに流し入れたら後はほったらかし。
家ではもちろん、アウトドアでも大活躍すること間違いなし。

基本のフライパンでパン

基本のミニ食パンの2倍量で作ります。
もっと小さいフライパンを使えば基本の分量でOK。
お手軽さはやみつきになりますよ。
※生地の作り方の詳細は本書14〜19ページを参照

材料　**直径18㎝のフライパン1個分**

A
- パン用ミズホチカラ……200g
- 砂糖……10g
- ドライイースト……4g
- 塩……3g

お湯（37℃）……170g
油……10g

作り方

1 生地を作る。ボウルに**A**を入れて泡立て器でよく混ぜる。お湯、油の順に入れてゴムべらでよく混ぜて、生地がなめらかになりツヤが出るまで2分程度、または30回ほどぐるぐるとしっかりかき混ぜる。

2 フライパンにオーブン用シートを敷き、**1**を流し入れて蓋をする。

3 10秒ほど中火にかけて、フライパンがほんのり温かい程度になったら火を止める。

4 そのまま15〜25分発酵させる。途中フライパンが冷えてしまったら、再度5秒ほど火をつけて温める。

5 生地が全体的にふっくら膨らんできたら発酵完了。そのまま弱火で10分焼く。

6 生地の様子を見て、底にほんのり焦げ目がついていたらひっくり返すために、オーブン用シートをかぶせる。

7 蓋をしてフライパンをひっくり返して蓋の上に生地をのせる。

8 蓋の上からオーブンシートごとすべらせてフライパンに生地を移動させる。底についていたオーブン用シートをはがす。

9 蓋をして弱火で10分焼く。こんがりとした焼き色がついたら焼き上がり。

※
オーブン用シートに
火がつかないよう
くれぐれも注意！

フライパンの外側を
手で触れるぐらいの
温かさになれば
火を止めてOK

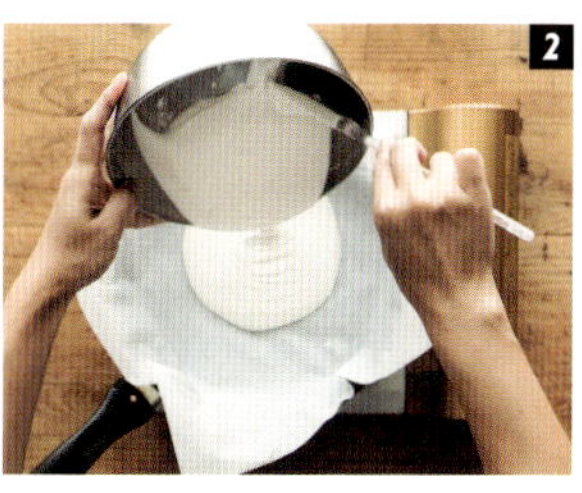

フライパンの大きさによって生地の厚さが変わります。いつものフライパンでどうぞ。

中に入れる具を変えてアレンジ。おかずパンも手軽だから毎朝焼ける！

ARRANGE 1

ちりめんじゃこのくるみ味噌パン

米粉パンに味噌の組み合わせは鉄板。じゃことくるみの食感が加わって抜群の味に。

材料 直径18cmのフライパン1個分

基本のフライパンdeパンの材料……1個分
▶基本の材料から塩3gを除く
ちりめんじゃこ……50g
〈くるみ味噌〉
ローストくるみ（手で小さく割る）……15g
味噌……15g
砂糖……小さじ½

作り方

1. くるみ味噌を作る（26ページ参照）。
2. 53ページの「フライパンdeパン」と同様に生地を作る。
3. **2**にちりめんじゃこ、くるみ味噌を入れてよく混ぜる。
4. オーブン用シートを敷いたフライパンに**3**を流し入れて蓋をし、53ページの作り方**3**～**9**と同様に焼く。

ARRANGE 2

さつま芋とラムレーズン&くるみパン

ほんのり甘いさつま芋とラムの香りがマッチ。腹持ちのいいおやつパンです。

材料 直径18cmのフライパン1個分

基本のフライパンdeパンの材料……1個分
レーズン……30g
ラム酒……大さじ1
さつま芋……½本（125g）
ローストくるみ……30g

作り方

1. レーズンとラム酒を合わせる。
2. さつま芋を1cmの角切りにして水にさらし、水気を軽くきる。耐熱容器に入れラップをして、電子レンジで3分加熱し、粗熱をとる。
3. 53ページの「フライパンdeパン」と同様に生地を作る。
4. **1**と**2**とくるみを手で細かく割って生地に入れて混ぜ合わせる。
5. オーブン用シートを敷いたフライパンに**4**を流し入れて蓋をし、53ページの作り方**3**～**9**と同様に焼く。

ARRANGE 3

野沢菜焼き風パン

まさに野沢菜焼き。パンのふわふわ感が加わると食べ過ぎてしまいそう。

材料 直径18cmのフライパン1個分

基本のフライパンdeパンの材料……1個分
▶基本の材料から塩3gを除く
野沢菜漬け……50g
ごま油……大さじ1
豚ひき肉……100g
A 砂糖……小さじ1
A しょうゆ……小さじ1
A みりん……小さじ1
お好みで七味唐辛子……少々

作り方

1. 野沢菜漬けを粗みじん切りにし、水気をきる。
2. フライパンにごま油を熱してひき肉を炒め、色が変わったら**1**と**A**を入れ水分が飛ぶまで炒め、冷ます。お好みで唐辛子を入れる。
3. 53ページの「フライパンde簡単パン」と同様に生地を作る。
4. **3**に**2**を入れてよく混ぜる。
5. オーブン用シートを敷いたフライパンに**3**を流し入れて蓋をし、53ページの作り方**3**～**9**と同様に焼く。

ちりめんじゃこの
くるみ味噌パン

さつま芋とラムレーズン＆
くるみパン

野沢菜焼き風パン

Pan

フライパンで イングリッシュマフィン

基本のミニ食パンの生地がイングリッシュマフィンに！
型の大きさを変えればさらに自由自在。

米粉イングリッシュマフィンのヘルシーバーガー

■材料（直径9cmのイングリッシュマフィン1個分）

米粉イングリッシュマフィン（57ページ参照）……1個
アボカド……¼個
トマト……¼個
きゅうり……¼本
鶏むね肉のオイル煮（57ページ参照）……適量
A | 粒マスタード……大さじ1
　 | マヨネーズ……大さじ1

■作り方

イングリッシュマフィンを横半分にスライスし、**A**を混ぜ合わせて両面に塗る。底になるマフィンに薄切りにしたアボカド、トマト、きゅうり、鶏むね肉の順にのせ、マフィンではさむ。上から押さえて落ち着かせる。

米粉イングリッシュマフィン

材料 9×3.5cmのセルクル2個分

A
- パン用ミズホチカラ……100g
- 砂糖……5g
- ドライイースト……2g
- 塩……1.5g

お湯(37℃)……85g
油……5g
コーングリッツ……適量

準備

●セルクルと同じ大きさにオーブン用シートをカットし、セルクルの中に入れておく。

作り方

1 ボウルにAを入れて泡立て器でよく混ぜる。お湯、油の順に入れてゴムべらでよく混ぜて、生地がなめらかになりツヤが出るまで2分程度、または30回ほどぐるぐるとしっかりかき混ぜる。

2 フライパンにオーブン用シートを敷き、セルクルを置く。その中にコーングリッツを敷き詰め、1の生地を分け入れ、蓋をする。

3 10秒ほど中火にかけてフライパンがほんのり温かい程度になったら火を止める。そのまま20分程度おき、生地がセルクルの八分目まで膨らむまで発酵させる。

発酵が
終わった状態

4 3の表面にもコーングリッツをまぶし、蓋をしたまま弱火で12分焼く。セルクルをひっくり返し、蓋をしてさらに7分焼く。

5 焼けたら型から出し網の上で冷ます。

●セルクルが熱くなるので、軍手をつけて作業してください。
●セルクルがない場合は、牛乳や豆乳パックで輪を作ってホチキスで留め、アルミホイルで巻けばセルクルが作れます。

鶏むね肉のオイル煮

オイルで煮ることでパサつかずジューシー。作り置きしてサラダの具にしても。

■材料(作りやすい分量)

鶏むね肉……1枚(180g)
塩……小さじ1
砂糖……小さじ½

A
- 水……200mℓ
- サラダ油……50mℓ
- 鶏がらスープの素(顆粒)……小さじ1

保存期間は
冷蔵庫で5日程度。
必要量だけ切って使う

■作り方

1 肉にフォークで穴を開け、塩と砂糖をすり込んで5分ほどおく。

2 鍋にAと1を入れ、火にかける。煮立ったらアクを取り、全体的に汁をかけ回す。

3 2の表面が白っぽくなったら火を止め、鍋に蓋をしておく。粗熱がとれたら保存容器に移し替え、冷蔵庫に入れて保存する。

プリンカップで簡単ミニパン

イチゴクリームミニパン

**甘酸っぱいイチゴクリームパンは
誰からも愛される味。おやつにぜひ。**

材料　フッ素樹脂加工のプリンカップ（7.3×5.8×3.7㎝）4個分

A
- パン用ミズホチカラ……100g
- 砂糖……10g
- ドライイースト……2g
- 塩……1.5g

お湯（37℃）……85g
油……5g
クリームチーズ……30g
イチゴジャム……大さじ1

作り方

1. ボウルに**A**を入れて泡立て器でよく混ぜる。お湯、油の順に入れてゴムべらでよく混ぜて、生地がなめらかになりツヤが出るまで2分程度、または30回ほどぐるぐるとしっかりかき混ぜる。
2. **1**の半量を4つの容器に均等に流し入れて、クリームチーズとジャムを真ん中に分け入れる。残りの生地を均等に流し入れ、オーブン用シートを敷いたフライパンに並べる。
3. 蓋をして10秒ほど中火にかけ、フライパンがほんのり温かい程度になったら火を止める。そのまま20分程度おき、生地が型いっぱいに膨らむまで発酵させる。
4. **3**を中火にかけて1分、すぐ弱火にし、12分程度焼く。生地の表面が乾いたら、容器ごと裏返し、蓋をして、さらに2〜3分焼く。

オリーブトマトミニパン

**プリンカップに入れて焼けば
かわいいサイズの簡単パンの出来上がり。**

材料　フッ素樹脂加工のプリンカップ（7.3×5.8×3.7㎝）4個分

A
- パン用ミズホチカラ……100g
- 砂糖……10g
- ドライイースト……2g
- 塩……1.5g

お湯（37℃）……85g
油……5g
ドライトマト……10g
黒オリーブ……8個
お好みのドライハーブ……少々

準備

●ドライトマト、オリーブを小さくきざんでおく。

作り方

1. ボウルに**A**を入れて泡立て器でよく混ぜる。お湯、油の順に入れてゴムべらでよく混ぜて、生地がなめらかになりツヤが出るまで2分程度、または30回ほどぐるぐるとしっかりかき混ぜる。
2. **1**にドライトマト、オリーブ、ハーブを加えて軽く混ぜる。容器に均等に流し入れて、オーブン用シートを敷いたフライパンに並べる。
3. 蓋をして10秒ほど中火にかけ、フライパンがほんのり温かい程度になったら火を止める。そのまま20分程度おき、生地が型いっぱいに膨らむまで発酵させる。
4. **3**を中火にかけて1分、すぐ弱火にし、12分程度焼く。生地の表面が乾いたら、容器ごと裏返し、蓋をして、さらに2〜3分焼く。

HIRO's MEMO

●レーズンや、コーン、チョコなど水気の少ない具ならなんでもOKです。
●プリンカップが熱くなるので軍手をつけて作業してください。

そのままでもおいしい！ 米粉蒸しパン

ほんのり甘くてふわふわであったかい蒸しパン。
驚くほどあっという間にできちゃいます。

プレーン蒸しパン

シンプルなのにおいしい。
米粉で作る基本の蒸しパンを覚えてしまえば
アレンジ無限。

材料 10×10×5㎝のほうろう容器2個分

A
- TOMIZ製菓用米粉……100g
- 砂糖……30g
- ベーキングパウダー……小さじ1

B
- 水または牛乳……70g
- 油……大さじ1
- 塩……ひとつまみ

準備

- フライパンにお湯を張り熱々に温めておく。
- 容器に刷毛で油（分量外）を塗る。

作り方

1. ポリ袋に**A**を入れ振り混ぜる。
2. ボウルに**B**を入れて泡立て器でよく混ぜて**1**を入れ、ゴムべらで手早く混ぜ、容器に分け入れる。
3. 湯気が立ったフライパンの中に**2**を置き、蓋をして中火より強めの火加減で12分程度蒸す。
4. 蒸し上がったら、容器から取り出す。

- 蓋によって水滴がたれるので布巾などを蓋にかぶせてくださいね。
- 水分を水にするとあっさりとした味わい、牛乳にするとほんのりとした甘みが出ます。もちろん無調整豆乳でも。

寒い時期に嬉しい肉まん
肉まんの具を変えて、
子どもと一緒におやつパーティ！

ARRANGE 1

青海苔チーズ蒸しパン

チーズと青のりでおかず蒸しパンに大変身。三角に切っておにぎりみたい。

材料 10×10×5cmのほうろう容器2個分

A
- TOMIZ製菓用米粉……100g
- 砂糖……20g
- 青海苔……1g
- ベーキングパウダー……小さじ1

B
- 水……70g
- 油……10g
- 塩……ひとつまみ

プロセスチーズ……50g
焼き海苔……適量

準備

- フライパンにお湯を張り熱々に温めておく。
- 容器に刷毛で油（分量外）を塗る。

作り方

1. チーズを1cm角に切る。ポリ袋にAを入れ振り混ぜる。
2. ボウルにBを入れて泡立て器でよく混ぜて1を入れ、ゴムべらで手早く混ぜ、容器に分け入れる。
3. 湯気が立ったフライパンの中に**2**を置き、蓋をして中火より強めの火加減で12分程度蒸す。
4. 蒸し上がったら、容器から取り出す。斜め半分に切り海苔を巻く。

ARRANGE 2

枝豆のベジタブル味噌マヨの蒸しパン

■作り方

冷凍枝豆（流水で解凍し豆を出す）30g、たくあん（きざむ）50g、味噌小さじ1、マヨネーズ大さじ1、かつお節3gをすべて混ぜ、プレーン蒸しパンの生地に混ぜる、容器に分け入れる。湯気が立ったフライパンの中に容器を置き、蓋をして中火より強めの火加減で12分程度蒸す。

ARRANGE 3

米粉肉まん

プレーン蒸しパンと同じように生地を作り、肉まんのあんを入れて蒸すだけで手軽。

材料 10×10×5cmのほうろう容器2個分

A
- TOMIZ製菓用米粉……100g
- 砂糖……10g
- ベーキングパウダー……小さじ1

B
- 水……75g
- 油……10g
- 塩……ひとつまみ

〈あん〉
- ねぎ……10g（3cm）
- しいたけ……1個
- ニラ……25g
- しょうが（みじん切り）……小さじ½
- 豚ひき肉……50g

C
- しょうゆ……小さじ½
- 酒……小さじ½
- 片栗粉……小さじ½
- 塩……小さじ¼
- ごま油……小さじ½

準備

- フライパンにお湯を張り熱々に温めておく。
- 容器に刷毛で油（分量外）を塗り、アルミカップを敷く。

作り方

1. あんを作る。ねぎとしいたけをみじん切りにする。ニラは小口切りにする。ねぎ、しいたけ、ニラ、しょうが、肉に**C**を入れ、粘りが出るまでよく混ぜる。半分に分けてそれぞれ丸め、少しつぶしておく。
2. 59ページのプレーン蒸しパンと同様に生地を作り、半量を容器に分け入れ、**1**を入れ、残りの生地を分け入れる。
3. 湯気が立ったフライパンの中に**2**を置き、蓋をして中火より強めの火加減で12分程度蒸す。
4. 蒸し上がったら、容器から取り出す。

ARRANGE 4

コンビーフポテトまん

■作り方

茹でてマッシュしたじゃがいも1個とバター（有塩）10g、コンビーフ30g、パセリ小さじ1を混ぜて塩、こしょうで味を調える、半分に分けてそれぞれ丸め、少しつぶしておく。上記の肉まんのあんの代わりにコンビーフポテトを入れ、湯気が立ったフライパンの中に容器を置き、蓋をして中火より強めの火加減で12分程度蒸す。蒸し上がったら、容器から取り出す。

米粉パンのある生活

ひと手間加えたスープで
米粉ピタパンのランチをどうぞ

米粉ピタパン

カフェのテイクアウト人気メニュー、ピタパンも発酵いらずであっという間に！

材料　**直径10㎝2枚分**

じゃがいも……30g(正味)

A
- TOMIZ製菓用米粉……100g
- 砂糖……5g
- ベーキングパウダー……小さじ1

B
- 水……80～90g
- 油……小さじ1
- 塩……少々

油……適量

作り方

1. じゃがいもの皮をむき、スライスして茹でてマッシュする。
2. ポリ袋に**A**を入れてよく振り混ぜる。
3. ボウルに**B**と**1**のじゃがいもを入れて泡立て器でよく混ぜ、**2**を加えてゴムべらで手早く混ぜる。
4. フライパンに油を入れて熱し、生地の半分を流し入れ蓋をし、弱火で3分焼く。裏返して蓋をし、さらに3分焼く。残り半量も同様に焼く。
5. **4**を網にのせて粗熱をとる。半分に切り、温かいうちに手で真ん中を開け袋状にする。完全に冷めた場合は包丁で真ん中に切り込みを入れて袋状にする。お好みの具をはさむ。

サバ缶でお手軽ピタパン

■作り方

キャベツ適量をせん切りし、サバ缶の水気をきる。袋状にしたピタパンに、キャベツとサバ、大葉ジェノベーゼ（73ページ参照）をはさむ。

じゃがいもは男爵いもがオススメです。温かいうちに作業してくださいね。

ヨーグルトトマトスープ

**トマトジュースとヨーグルトでさっぱり。
混ぜ合わせるだけのカンタンスープ。**

材料 2人分

トマトジュース(無糖)……200mℓ
無糖ヨーグルト……100mℓ
塩……少々
こしょう……少々
オリーブオイル……小さじ½
セルフィーユ……適量

作り方

1 鍋にトマトジュースとヨーグルトを入れて混ぜ、塩とこしょうで味を調える。
2 器に入れ、オリーブオイルを垂らし、セルフィーユを飾る。

夏は冷たく、冬はスープを温めてもおいしいです。

えびとニラのエスニックスープ

**レモンのさっぱり味がピタパンにとても合います。
パクチーはお好みで増やして。**

材料 2人分

A
- 茹でえび……200g
- ニラ……50g
- しょうが……ひとかけ
- 水……400mℓ
- 鶏がらスープの素(顆粒)……小さじ½

B
- ナンプラー……小さじ2
- 砂糖……ひとつまみ
- こしょう……少々

パクチー(ざく切り)……30g
レモン(くし形切り)……2個

作り方

1 ニラを3cm長さに切る。しょうがをせん切りにする。
2 鍋に*A*を入れてひと煮立ちしたら、*B*を入れ、5分程度中火で煮る。
3 器にそそぎ、パクチーとレモンを添える。

米粉のもちもちベーグル

プレーンベーグル

**茹でてもちもち。
米粉ベーグルのプレーンを覚えて
お洒落なベーグルサンドをどうぞ。**

材料 直径8cmのベーグル2個分

お湯(37℃)……10g
イースト……2g
砂糖……5g
A 木綿豆腐……80g
　油……5g
　塩……1.5g
TOMIZ製菓用米粉……100g
はちみつ、または砂糖……大さじ1

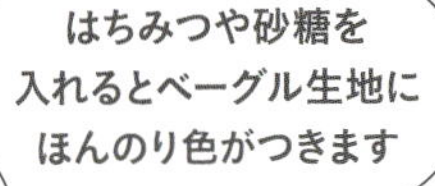

準備

● オーブン用シートを12cm四方に切って2枚用意し、バットに敷いておく。

作り方

1. お湯にイーストを入れ溶かし、砂糖を加えてよく溶かす。
2. ボウルに**A**を入れて泡立て器でよく混ぜ、**1**と米粉を加えてゴムべらで軽く混ぜる。全体がよく混ざるまで手でこね、耳たぶより少しかための生地を作る。
3. 生地を半分に分けて、米粉（分量外）で打ち粉をした台の上で、それぞれ棒状に伸ばす。
4. 生地の端をくっつけて、直径8cmほどの輪にする。
5. バットに敷いた12cm四方のオーブン用シートにそれぞれの生地をのせる。水で濡らしたペーパータオルをかぶせラップをする。
6. オーブンの発酵機能を使い、35℃で30〜40分ほど、生地が少し膨らむまで発酵させる。
7. 鍋に沸騰させたお湯（分量外）にはちみつ、または砂糖を入れる。**6**をオーブン用シートごと入れ、お湯をかけながら30秒程度茹でる。
8. 天板にオーブン用シートを敷いて**7**を並べ、190℃に予熱したオーブンで18〜20分程度焼き色がつくように焼く。

● 米粉ベーグルも熱いうちに切るとナイフにくっついてしまうので、サンドイッチにする場合は冷めてから切ってください。
● 同量の生地を2つに分けず1個にして大きく作っても食べ応えがあります！

米粉ベーグルにいつものサラダ、いつものおかずをはさんで！

オイルサーディンの粒マスタードサンド

オイルサーディンとマスタードの酸味が絶妙。

材料 1個分

プレーンベーグル（64ページ参照）……1個
レタス……1枚
A 粒マスタード……大さじ1
　オイルサーディンのオイル……小さじ1
　塩……少々
オイルサーディン……3尾

作り方

レタスはベーグルのサイズに合わせて折り畳む。ベーグルを横半分に切り、混ぜ合わせた**A**を両面に塗る。ベーグル、レタス、オイルサーディン、ベーグルの順で重ね、上から押さえて具を安定させる。

カリカリベーコンのピーナッツバターサンド

ベーコンの塩気とピーナッツバターの甘さが合う！

材料 1個分

プレーンベーグル（64ページ参照）……1個
ベーコン……2枚
きゅうり……¼本
アボカド……¼個
ピーナッツバター……大さじ1

作り方

熱したフライパンでベーコンの両面をこんがり焼く。きゅうりを斜めに薄くスライス、アボカドを縦に1cm幅に切る。ベーグルを横半分に切り、ピーナッツバターを両面に塗る。ベーグル、きゅうり、ベーコン、アボカド、ベーグルの順で重ね、上から押さえて具を安定させる。

クリームチーズ＆ジャムサンド

大定番のクリームチーズにフルーツジャムのサンド。お好きなジャムで。

材料 1個分

プレーンベーグル（64ページ参照）……1個
あんずジャム……20g
カッテージチーズ……20g

作り方

ベーグルを横半分に切る。カッテージチーズを片面に塗り、ジャムを上にのせ、ベーグルではさむ。

チーズはクリームチーズやマスカルポーネなどお好みのものでOK。ジャムとの組み合わせを変えて楽しんで

イーストなし、発酵いらず お手軽クイックブレッド

パルメザンブレッド

パルメザンチーズの塩味がクセになるお手軽ブレッド。おやつにもぴったりです。

材料 直径15cm1個分

A
- TOMIZ製菓用米粉……70g
- コーンスターチ……30g
- パルメザンチーズ(粉)……20g
- 砂糖……20g
- ベーキングパウダー……小さじ1

B
- 牛乳……60g
- 油……10g
- 塩……ひとつまみ

準備

- オーブンを170℃に予熱する。
- 天板にオーブン用シートを敷いておく。

作り方

1. ポリ袋に**A**を入れ振り混ぜる。
2. ボウルに**B**を入れて泡立て器でよく混ぜ、**1**を入れてゴムべらで手早く混ぜる。
   ▶ひとかたまりになるように水分を調整する
3. **2**の生地を天板にのせてドーム状にまとめ、170℃のオーブンでこんがり焼き色がつくまで30分程度焼く。

抹茶とホワイトチョコのブレッド

リッチな抹茶生地にとても相性の良いホワイトチョコを入れて贅沢なパンに。

材料 直径15cm1個分

A
- TOMIZ製菓用米粉……70g
- コーンスターチ……30g
- 砂糖……30g
- 抹茶パウダー……3g
- ベーキングパウダー……小さじ1
- ホワイトチョコチップ……30g

B
- 牛乳……50g
- 油……10g
- 塩……ひとつまみ

準備

- オーブンを170℃に予熱する。
- 天板にオーブンシートを敷いておく。

作り方

1. ポリ袋に**A**を入れ振り混ぜる。
2. ボウルに**B**を入れて泡立て器でよく混ぜ、**1**を入れてゴムべらで手早く混ぜる。
   ▶ひとかたまりになるように水分を調整する
3. **2**の生地を天板にのせてドーム状にまとめ、170℃のオーブンでこんがり焼き色がつくまで30分程度焼く。

4 米粉でもっと！料理・おやつ

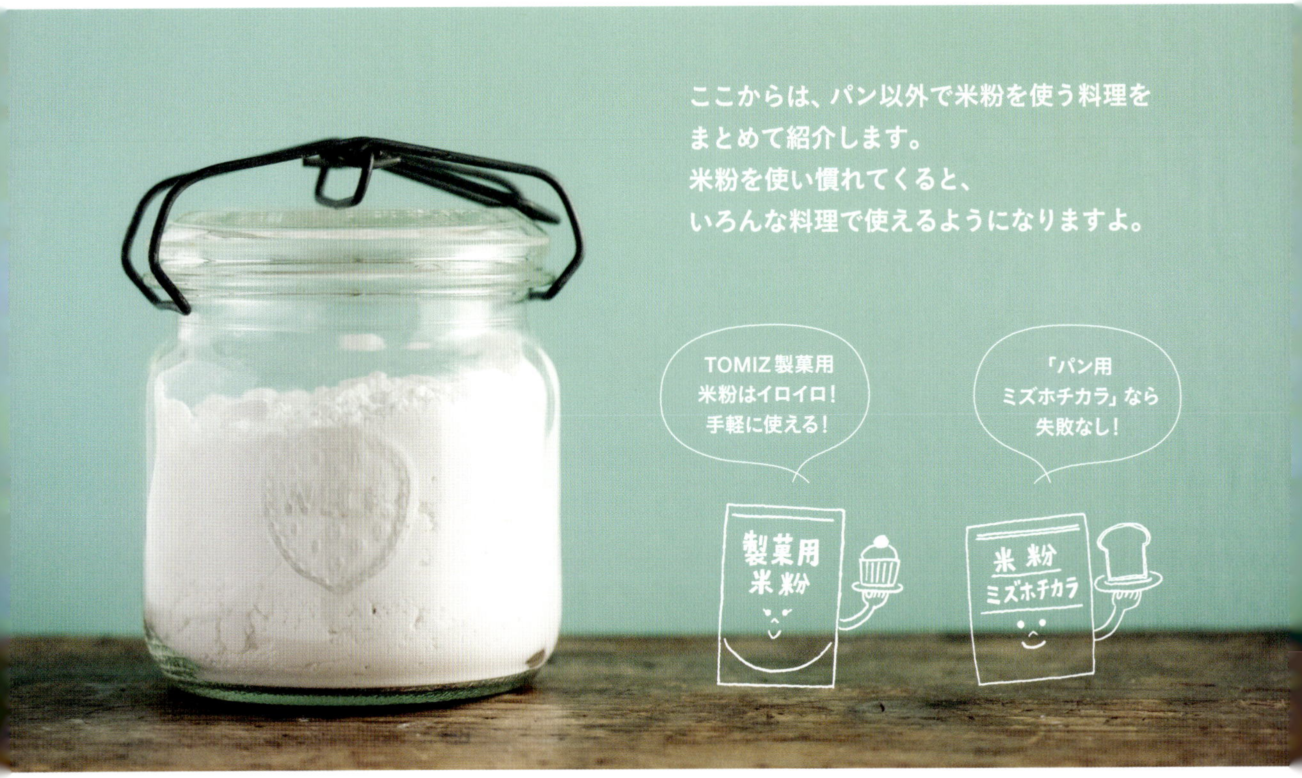

ここからは、パン以外で米粉を使う料理をまとめて紹介します。
米粉を使い慣れてくると、
いろんな料理で使えるようになりますよ。

TOMIZ製菓用米粉はイロイロ！手軽に使える！

「パン用ミズホチカラ」なら失敗なし！

揚げ物の衣として使う

唐揚げはもちろん天ぷらの衣にするのもgood。油の吸収率が低く、時間が経って冷めてしまっても衣がサクサクの状態が保てるのが嬉しい。米粉の種類はなんでもOK。

とろみづけとして使う

米粉はお米特有の粘り（澱粉）があるので片栗粉やコーンスターチ、小麦粉と同様に使えます。種類を選ばないのでおうちで眠っている米粉でOK。

麺・パスタ

アジア各地に広がる米粉で作られた麺（フォーやクィティアオ）と同様にうどんやパスタを自分で作れます。材料もシンプルで、30分くらいで作れるのでお手軽ですよ。

スイーツ全般

卵が入っているレシピでは、小麦粉を米粉に変更するだけでOK。気軽に作れます。シフォンケーキはとくに米粉で作るのがオススメです。製菓用の米粉ならなおgood。

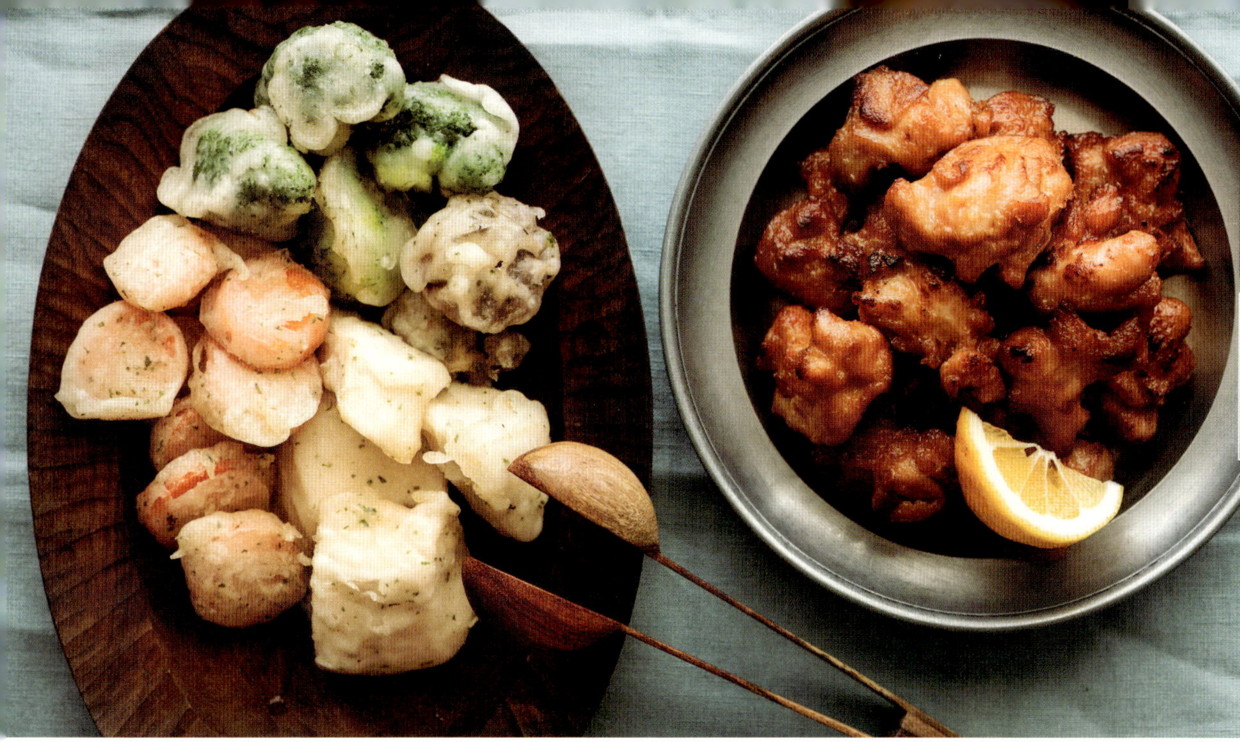

白身魚と野菜のフリッタータ

米粉でサクッと！
時間が経ってもサクサクが保てますよ。

材料 2人分

白身魚……120g
ブロッコリー……¼個(50g)
にんじん……½本(100g)
しいたけ……2個
〈衣液〉
A
TOMIZ製菓用米粉……100g
炭酸水……90g
乾燥バジル……ふたつまみ
塩……少々
こしょう……少々
揚げ油……適量

作り方

1 白身魚の骨を取り一口大に切る。ブロッコリーを小房に分ける。にんじんを7㎜厚さの輪切りにする。しいたけの石づきを取り除く。
2 ボウルにAを混ぜ合わせ、1をくぐらせる。
3 鍋に油を入れ熱し、170℃で3〜4分揚げる。

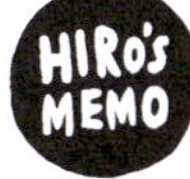

HIRO's MEMO
冷えた炭酸水を使ってくださいね。ビールでもOKです。衣液はトロトロの状態がベスト。様子を見ながら炭酸水の量を増減してください。

米粉ジューシーチキン

ハワイで大人気のモチコチキン風。
もちっ、ジューシーが絶品。

材料 作りやすい分量

鶏もも肉……2枚(500g)
A
しょうゆ……大さじ2
はちみつ……大さじ1
オイスターソース……小さじ½
にんにく(すりおろし)……小さじ½
しょうが(すりおろし)……小さじ½
TOMIZ製菓用米粉……40g
揚げ油……適量
レモン(くし形切り)……適量

作り方

1 鶏肉を一口大に切る。
2 ボウルにAと肉を入れて揉み込み冷蔵庫で2時間くらい漬け込む。
3 2の汁気をきり、米粉を入れてよく混ぜる。
4 フライパンに2cm程度の油を入れ170℃に熱し、皮目から入れて3〜4分揚げる。きつね色になったら裏返し、裏側もこんがりと揚げ焼きする。

HIRO's MEMO
肉の大きさで揚げ時間も異なるので、状態を見ながら時間を調整してくださいね。

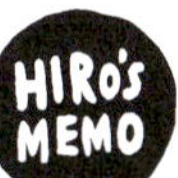

カニカマコーンの米粉スープ

カニカマとコーンのふわふわ卵スープ。ちょっと中華風な味わいがいいんです。

材料 2人分

水……400mℓ
鶏がらスープの素(顆粒)……小さじ1
A
- コーン缶……50g
- カニカマ(ほぐす)……40g
- しょうゆ……小さじ1
- オイスターソース……小さじ½

〈水溶き米粉〉
- TOMIZ製菓用米粉……大さじ1
- 水……大さじ2

卵……1個
酢……小さじ1
ごま油……小さじ1
ネギ(小口切り)……少々

作り方

1. 鍋に水と鶏がらスープの素を入れてひと煮立ちさせ、**A**を入れ混ぜる。
   ▶ **鶏がらスープの素の代わりに中華スープの素でも**
2. 再び沸騰させ、水溶き米粉を回し入れ、とろみをつける。
3. 溶き卵を煮立っている**2**に回し入れ、卵がふわふわになったら火を止め、酢とごま油を入れ、器に盛る。ネギを散らす。

米粉のクラムチャウダー

ホッと温まるあさりの旨みがつまった具だくさんスープ。野菜はお好みの具でOK！

材料 2人分

あさり(殻つき)……200g
白ワイン……大さじ1
A
- じゃがいも……1個(150g)
- 玉ねぎ……½個(100g)
- にんじん……½本(100g)
- ブロッコリー……¼個(50g)

ベーコン(スライス)……50g
水……200mℓ
牛乳……400mℓ
〈水溶き米粉〉
- TOMIZ製菓用米粉……大さじ1
- 水……大さじ2

味噌……小さじ1(あれば白味噌)
コーン缶……50g
塩……小さじ½
こしょう……少々

作り方

1. あさりは薄塩水(分量外)で砂抜きをし、よく洗う。鍋にあさりと白ワインを入れて蓋をし、中火であさりの口が開くまで蒸し煮する。殻から身をはずし、煮汁は捨てずに取っておく。砂が多い場合はザルとペーパータオルで濾す。
2. **A**はすべて食べやすい大きさに切る。ベーコンは1cm幅にカットする。
3. 鍋に水と**1**の煮汁と**2**を入れて、10分程度煮込む。
4. 野菜がやわらかくなったら、牛乳と水溶き米粉を入れて溶かし、沸騰直前で火を弱める。
5. **4**に味噌を溶かしてあさりとコーンを加え、塩、こしょうで味を調える。

米粉クルトン

パンが余ったらクルトンに。
おやつにもおつまみにもなるのでたくさん作っておくと便利。

■材料(作りやすい分量)

米粉パン……50g
オリーブオイル……5g
ハーブソルト……適量

■作り方

1. 米粉パンを1cm角に切りオリーブオイルをまぶして塩を振り、混ぜ合わせる。
2. トースターのトレイにアルミホイルを敷き、**1**を広げて5分程度きつね色になるまで焼く。
3. 粗熱がとれたら保存瓶などに移す。

焼いて数日経った乾燥したパンを使うといいですよ。青のりなど振ってもおいしいです。

カニカマコーンの
米粉スープ
米粉の
クラムチャウダー
米粉クルトン

Cream pumpkin gnocchi

きのこクリームのかぼちゃ米粉ニョッキ

マッシュしたかぼちゃを使うことで簡単にニョッキを作ることができます。

材料 20個程度

かぼちゃ……100g(正味)
TOMIZ製菓用米粉……80g
塩……ふたつまみ
水……大さじ2〜
オリーブオイル……小さじ1
きのこクリームソース（下記参照）……適量
パルメザンチーズ……適量
パセリ……少々

作り方

1. かぼちゃのワタと種を除き、3cm幅に切り、皮を切り落とす。鍋にかぼちゃとかぶるくらいの水（分量外）を入れ火にかけてやわらかくなるまで茹でて、水気をきったら、マッシュする。
2. ボウルに米粉、塩を入れ泡立て器で混ぜ、**1**と水、オリーブオイルを入れ、ゴムべらで混ぜる。まとまってきたら手でこねひとかたまりにする。
3. **2**を一口大に丸め、形を整える。真ん中を軽くつぶしてフォークの背を押し付ける。
4. 鍋に湯を沸かし、沸騰したら**3**を入れ、4〜5分茹でる。浮き上がってきたらザルにあげて、冷水でしめて皿に盛る。きのこクリームソースをかけ、チーズとパセリを振る。

HIRO's MEMO

●生のかぼちゃの代わりに冷凍かぼちゃでもOK。作り方**2**でまとまらなければ、様子を見ながら水（分量外）を追加してください。
●じゃがいもで作ってもおいしいですよ。

きのこクリームソース

■作り方

ベーコン50gを1cm幅に切り、玉ねぎ¼個（50g）は薄切り、しめじ½個（50g）は石づきを取ってほぐし、オリーブオイル大さじ1を熱したフライパンで炒め、しょうゆ小さじ1を混ぜる。米粉大さじ½を振り入れて牛乳100mℓを加え、とろみがついたら塩小さじ½、こしょう少々で味を調える。

Ooba Genovese pasta

大葉ジェノベーゼの米粉パスタ

**パン用の米粉を使って簡単に手作りパスタ！
思い立ったらすぐに作れるから気軽に挑戦してみて。**

材料 1人分

パン用ミズホチカラ ……100g
片栗粉……40g
塩……ひとつまみ
熱湯……125g〜
大葉ジェノベーゼ（下記参照）……適量
ローストカシューナッツ……5g

hint
必ず熱湯で！

耳たぶくらいのやわらかさ。粉っぽい場合は熱湯を少し追加してください

作り方

1 ボウルに米粉、片栗粉、塩を入れ泡立て器で混ぜる。
2 1に熱湯を入れてゴムべらで混ぜ、手で触れるようになったら手でこね、耳たぶくらいの柔らかさにする。
3 米粉（分量外）を手につけ、両手でこすって、5〜6cmくらいの棒状にする。
4 鍋にたっぷりの湯を沸かし、3を茹でる。表面に浮き上がってきたらザルに取り、水気をよくきる。
5 大葉ジェノベーゼソース（右下参照）をからめて皿に盛り付け、粗く砕いたローストカシューナッツを振る。

HIRO's MEMO
●熱湯は生地の状態を見ながら追加（分量外）してください。
●きのこのクリームソースやトマトソースなど、お好きなソースにからめてどうぞ。

大葉ジェノベーゼ

■作り方

大葉20gを洗い、水気を拭き取って茎を取り除く。大葉と、オリーブオイル30g、ローストくるみ10g、にんにくひとかけ、塩小さじ½をフードプロセッサーに入れ、なめらかになるまで撹拌する。

米粉うどん

コシのあるうどんがおうちで手軽に作れます。面倒な作業もなく、30分で作れますよ。

材料 2人分

パン用ミズホチカラ……150g
片栗粉……45g
塩……小さじ½
熱湯……125g〜

作り方

1 ボウルに米粉、片栗粉、塩を入れ泡立て器で混ぜる。
2 1に熱湯を入れ、ゴムべらで混ぜ、触れるようになったら手でこねる。ひとかたまりにならないようであれば熱湯（分量外）を追加する。
3 台に米粉で打ち粉（分量外）をし、2の生地を麺棒で0.5〜0.8㎜厚さくらいに伸ばす。
4 伸ばした生地を包丁で5㎜幅程度に細く切る。
5 鍋にたっぷりのお湯を沸かして4を入れ、菜箸で軽くほぐす。再度沸騰して麺が浮いてきたらザルにあげ、冷水にさらし、水気をきる。

HIRO's MEMO
●生地を麺棒で伸ばせるくらいの状態にする。ゆるすぎるとべたついてしまうので、かための方が作業しやすいです。
●生地の厚さや太さはお好みで。
●麺は切れやすいので、終始やさしく扱ってください。

必ず熱湯で！

最初粉っぽくてまとまらないように思えますがこねていくとまとまってきますよ

生地が切れやすいので折らずに包丁で切ります

arrange

にんじん米粉うどん

作り方

基本の材料の片栗粉を5g減らし、にんじんパウダー5gを入れ、泡立て器でよく混ぜる。あとは基本のうどんと同じ。

ほうれん草米粉うどん

作り方

基本の材料の片栗粉を5g減らし、ほうれん草パウダー5gを入れ、泡立て器でよく混ぜる。あとは基本のうどんと同じ。

ネバネバサラダうどん

**材料を切って和えるだけ！
さっぱり食べられ栄養満点なうどん。**

材料 2人分

茹で上げ米粉うどん
……適量
オクラ……5本
きゅうり……1本(100g)
トマト……½個(75g)
梅干し……1個
納豆……1パック
白いりごま……大さじ1
麺つゆ……100mℓ
大葉……5枚
きざみ海苔……適量

作り方

1. オクラに塩（分量外）をすりこんで細かい毛を取り、水でよく洗う。ヘタを取り5mmに切る。
2. きゅうりを5mm角程度のさいの目切りする。トマトを1cm角に切る。
3. 梅干しの種を取り、包丁で細かくきざむ。
4. ボウルに、オクラ、きゅうり、トマト、梅干し、納豆、ごまを入れ、麺つゆを入れてよく混ぜる。
5. うどんを皿に盛り付け、**4**をのせたらきざんだ大葉と海苔を振りかける。

おかず系米粉マフィン

材料をどんどん入れていくだけ。
具を変えればいろんなおかずマフィンに。
手軽な朝食にいかが？

基本のマフィン生地

材料　マフィン型6個分

A
- TOMIZ製菓用米粉……150g
- ベーキングパウダー……小さじ1＋½
- 砂糖……20g

B
- 卵（Mサイズ）……1個
- 牛乳……70g
- 油……40g
- 塩……小さじ¼

hint

液体と粉を混ぜ、
手早く具を
混ぜてください

準備

- オーブンを170℃に予熱しておく。
- マフィン型にグラシンカップを敷き込む。

作り方

1. ポリ袋に**A**を入れてよく振り混ぜる。
2. ボウルに**B**を入れて泡立て器でよく混ぜ、**1**を入れてゴムべらで手早く混ぜる。

これが
基本の生地！

この先、いろいろな
具や味を加えていけば
バリエーションは無限！

スモークサーモンと いくらのマフィン

材料　マフィン型6個分

- 基本のマフィン生地……6個分
- 黒こしょう……少々
- スモークサーモン……70g
- いくらのしょうゆ漬け……30g
- ディル……適量

作り方

1. スモークサーモンを1cm角に切る。
2. 黒こしょうとサーモン（飾り用に少し残す）を「基本のマフィン生地」に入れて混ぜ、マフィン型に生地を分け入れる。
3. 170℃のオーブンで30分焼く。型からはずし、飾り用のサーモンといくらとディルをのせる。

おかずマフィンでママ友会

**おかずマフィンは、入れる具材を変えるとぐっとお食事風になります。
左ページの基本のマフィン生地に、スモークサーモンや黒こしょうの代わりに
こんな具材を入れてみてはいかがでしょう？** 材料はすべてマフィン型6個分。

arrange

❶いちじくと生ハムサワークリームのマフィン

基本のマフィン生地に、1個を6等分にしたいちじく、生ハム10g、サワークリーム10gをのせて170℃のオーブンで30分焼く。マンゴーや桃など生ハムと合うフルーツなら何に変えてもOK。

❷オリーブとカマンベールチーズのマフィン

基本のマフィン生地に、きざんだ黒オリーブ（種なし）40gを入れて混ぜる。型に分け入れて、カマンベールチーズ10gにのせて170℃のオーブンで30分焼く。仕上げに生のタイムをのせる。

❸ほうれん草とソーセージのマフィン

基本のマフィン生地に、茹でて2cmにカットしたほうれん草100gを入れて混ぜる。型に分け入れ、斜めにスライスしたソーセージをのせ、ケチャップをかけて170℃のオーブンで30分焼く。仕上げに乾燥パセリを振る。

❹たくあんとプロセスチーズのマフィン

基本のマフィン生地に、5mm角に切ったプロセスチーズ60gを入れて、型に分け入れ、きざんだたくあんをのせて170℃のオーブンで30分焼く。

❺茹で卵とたらこマヨのマフィン

基本のマフィン生地の牛乳70gを65gに変更して生地を作り、たらこ50gとマヨネーズ大さじ1を入れて混ぜる。型に分け入れ、6等分に輪切りにした茹で卵をのせて170℃のオーブンで30分焼く。

卵乳なし スイーツ系マフィン

つぶしたバナナを入れることで、
卵や牛乳がなくてもふんわり。しかもおいしさUP！

キャラメルバナナマフィン

材料 マフィン型6個分

A
- TOMIZ製菓用米粉……150g
- アーモンドプードル……30g
- 砂糖……30g
- ベーキングパウダー……小さじ1+½

バナナ……2本（200g）

B
- 無調整豆乳……40g
- 油……40g
- 塩……ひとつまみ

ピーカンナッツ……6個

〈キャラメルソース〉
- グラニュー糖……50g
- 水……10g
- 塩……ひとつまみ
- 熱湯……20g

準備

- オーブンを170℃に予熱しておく。
- マフィン型にグラシンカップを敷き込む。

作り方

1. キャラメルソースを作る。小鍋にグラニュー糖と水、塩を入れて火にかけ、色づいてきたらゆすりながら加熱する。カラメル色になったら火を止め、熱湯を加えて少しゆすり、粗熱をとる。
2. ポリ袋に**A**を入れてよく振り混ぜる。
3. ボウルにバナナを入れてフォークでつぶし、**B**を加えて泡立て器でよく混ぜる。**1**のソース50gを入れ、さらによく混ぜる。
4. **3**に**2**を入れ、ゴムべらで手早く混ぜる。
5. **4**をマフィン型に分け入れ、ピーカンナッツをのせる。170℃のオーブンで30分焼く。

※飛び散ることがあるので火傷に注意してください！

これが大人スイーツマフィンの基本の生地！

- キャラメルソースやバナナによって水分量が異なるので、生地状態を見ながら豆乳（分量外）の量を調整してください。
- キャラメルソースは倍量作って、80～81ページのパンケーキに添えるのもおすすめです。

大人スイーツなマフィンで女子会

スイートなマフィンも組み合わせを変えてもっと楽しみましょう。
作り方は、左ページの作り方3または4のタイミングで、
マフィン型に生地を移す前に、
それぞれの食材を入れて手早く混ぜてくださいね。

※材料はすべてマフィン型6個分。

❶マロンクリームのマフィン

キャラメルソースの代わりにマロンクリーム80gを加え、生地を作る。型に分け入れ、上に栗の甘露煮をのせて焼く。

❷ダークスイートチェリーとグラノーラのマフィン

生地にレモン汁小さじ1と缶詰のダークスイートチェリー120g（飾り用に少し残す）を入れ混ぜ、型に分け入れ、米粉グラノーラ50g（作り方86〜87ページ参照）と飾り用のチェリーをのせて焼く。

❸マンゴーとアニスリキュールのマフィン

生地にアニスリキュールを小さじ1入れて混ぜ、型に分け入れたらそれぞれに冷凍マンゴー100gとココナッツファインをのせて焼く。

❹オレンジとコアントローのマフィン

生地にコアントロー小さじ1を入れて混ぜ、型に分け入れサワークリーム60gと半月形に薄切りしたオンジをのせて焼く。セルフィーユを飾る。

❺かぼちゃとコーンフレークのマフィン

生地に茹でて1cm角に切ったかぼちゃ100g（飾り用に少し残す）を入れ混ぜ、型に分け入れ、コーンフレーク10gと飾り用のかぼちゃをのせて焼く。

カフェ風ふわふわのメレンゲパンケーキ

卵白をメレンゲに！　重ねて高さを生かした盛り付けにすればカフェメニューみたい。

材料　**直径10cm4枚分**

卵(Mサイズ)……2個
牛乳……30g
塩……ひとつまみ
TOMIZ製菓用米粉……50g
砂糖(卵白用) 30g
溶かしバター(有塩)……10g
油……適量
〈トッピング〉
　生クリーム……100ml
　砂糖……10g
さくらんぼ……4個

作り方

1 トッピング用の生クリームボウルに入れ砂糖を加え、ハンドミキサーで泡立てて八分立てにし、冷蔵庫で冷やしておく。

2 ボウルをふたつ用意し、卵を卵黄と卵白に分けて入れる。卵白は使う直前まで冷蔵庫で冷やす。

3 卵黄を入れたボウルに牛乳、塩を加えて泡立て器でよく混ぜ、さらに米粉を入れて混ぜる。

4 卵白を冷蔵庫から取り出し、ハンドミキサーで軽く泡立てて、砂糖を2回に分けて入れ、角が立つくらいのメレンゲを作る。

5 **4**のメレンゲから半量を取り**3**に入れ、泡をつぶさないようにゴムべらで底から大きくさっくり混ぜる。生地がなじんだら残りの卵白と溶かしバターを入れ、さっくり混ぜる。

6 フライパンに油を入れて熱し、一旦ぬれ布巾の上に置いてフライパンの熱を落ち着かせる。フライパンを再び弱火にかけ、**5**の生地を直径10cm程度に流し入れる。

7 生地の表面が乾いたら裏返し、両面をこんがりと焼く。皿に盛り、生クリーム、さくらんぼを添える。

直径10cm程度にするとちょうど4枚、お店で食べるようなふわっふわのパンケーキが出来上がります！　お好みでフルーツのトッピングを変えて楽しんでくださいね。

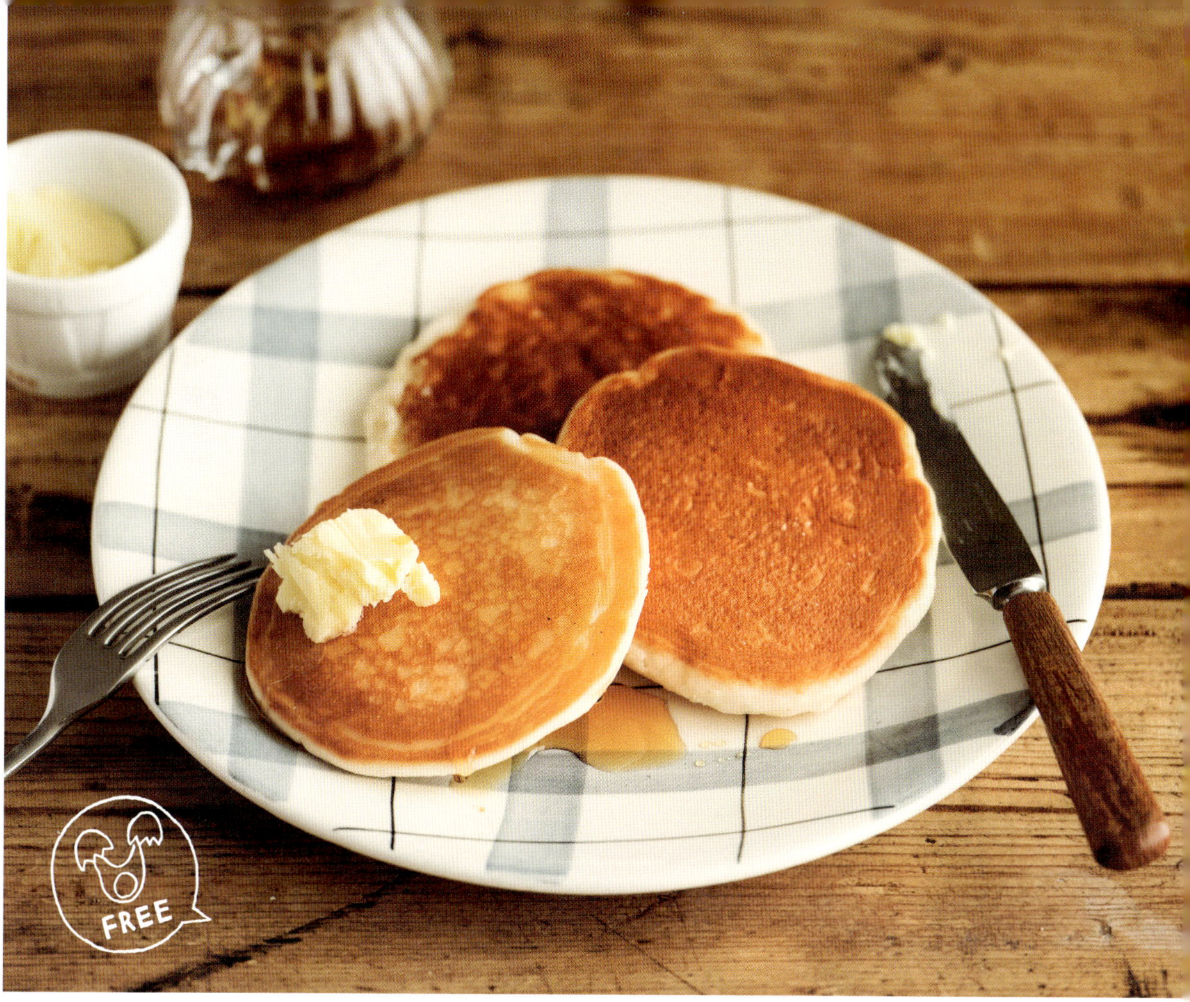

もちもちパンケーキ

卵なしのもちもちパンケーキ。腹もちがよいので、おやつに最適です。牛乳を豆乳に変えても。

材料 直径12cm 5枚分

A
- TOMIZ製菓用米粉……150g
- 砂糖……40g
- ベーキングパウダー……小さじ1+½

B
- 牛乳……130g〜
- 油……30g
- 塩……ひとつまみ

油……適量
バター(有塩)……10g
メープルシロップ……大さじ2

作り方

1. ポリ袋に**A**を入れてよく振り混ぜる。
2. ボウルに**B**を入れて泡立て器でよく混ぜ、**1**を加えてゴムべらで手早く混ぜる。
3. フライパンに油を入れて熱し、一旦ぬれ布巾の上に置いてフライパンの熱を落ち着かせる。フライパンを再び弱火にかけ、**2**の生地を直径12cm程度に流し入れて蓋をする。
4. 生地の表面に気泡が出てきたら裏返し、蓋をして両面をこんがりと焼く。皿に盛り、バターとメープルシロップを添える。

HIRO's MEMO たくさん重ねてパンケーキタワーにしてもかわいい！

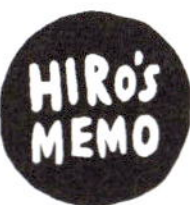

おうちでも作れちゃう！ もちもちリングドーナツ

成形してもかたくならないのは絹ごし豆腐が入っているから。
さらに白玉粉を加えることでもちもちに！
冷めてもかたくならず見た目もキュート。テンションUPしますよ。

基本のもちもちリングドーナツ

材料 直径8cmのドーナツ4個分

A
- 絹ごし豆腐……100g
- 砂糖……25g
- 油……15g
- 塩……ひとつまみ

白玉粉……40g

B
- TOMIZ製菓用米粉……60g
- ベーキングパウダー……小さじ1

揚げ油……適量

準備

- オーブン用シートを10cm四方に切って4枚用意する。

作り方

1. ボウルに**A**を入れ泡立て器で混ぜる。白玉粉を入れてよく混ぜ、そのまま5分程度おいてふやかす。
2. ポリ袋に**B**を入れてよく振り混ぜる。
3. **1**に**2**を入れて生地をまとめ、耳たぶくらいのやわらかさにする。まとまらない場合は水（分量外）を加える。
4. **3**を4等分したものをさらに7等分にして丸め、輪になるようにしてオーブン用シートの上に並べる。
5. 160℃に熱した油に、**4**をシートごと持ち上げてそっと滑り込ませ、そのまま5分程度揚げ、途中でシートがはずれたら取り除く。ひっくり返し、きつね色になるように揚げる。

絹ごし豆腐によって水分量が多少変わるので、状態を見ながら調整してください。

トッピングいろいろ、かわいさ120%増し！

※トッピングの材料はすべて基本のもちもちリングドーナツ4個分。

和風みたらしドーナツ

材料

砂糖……大さじ3
しょうゆ……大さじ2
片栗粉……大さじ½
水……大さじ1

作り方

耐熱容器に材料すべてを入れ混ぜ、電子レンジで30秒加熱し、素早くスプーンでかき混ぜる。ドーナツより大きい容器に入れ、ドーナツの片面をつける。

チョココーティングのドーナツ

材料

板チョコ……1枚(50g～60g)
油……小さじ1

作り方

ボウルに板チョコを細かく割り入れ、油を入れて湯せんにかけて溶かす。ドーナツより大きい容器に入れ、ドーナツの片面をつけて網にのせ、余分なチョコを落とす。

レモンとピスタチオのアイシングドーナツ

材料

粉糖……25g
レモン汁……5g
レモンの皮(きざむ)……適量
ピスタチオ(きざむ)……適量

作り方

粉糖にレモンの絞り汁を入れ、なめらかになるまでゴムべらでよく混ぜ、スプーンですくってドーナツに斜めにかける。レモンの皮とピスタチオを散らす。

もちもち豆腐ドーナツ

サクサクもちもち生地がクセになるのに、豆腐入りだから食べても罪悪感なし。ヘルシーなドーナツです。

材料 15～20個分

A
- TOMIZ製菓用米粉……80g
- 片栗粉……20g
- ベーキングパウダー……小さじ1

B
- 木綿豆腐……100g
- 砂糖……20g
- 牛乳……20g
- 油……10g
- 塩……ひとつまみ

揚げ油……適量
〈トッピング〉
グラニュー糖……大さじ2

作り方

1. ポリ袋に**A**を入れてよく振り混ぜる。
2. ボウルに**B**を入れて泡立て器で混ぜ、**1**を加えてスプーンですくえるかたさまでしっかり混ぜる。
   ▶かたい場合は牛乳(分量外)でのばして調整してください
3. **2**をスプーンですくって小さめの一口大にし、160℃に熱した油の中に落とし、こんがりとするまで5分程度揚げる。
4. 熱いうちにグラニュー糖をまぶす。

HIRO's MEMO

- 木綿豆腐の種類によって多少水分量が異なるので、生地がかたいようであれば牛乳を加えて調整してください。
- ドーナツ自体はとてもシンプルな味なので、お好みの砂糖やきな粉、ココアなどをまぶしてください。

米粉おやつのある生活
米粉のおやつで
ほっこりティータイム

米粉ときな粉のパウンドケーキ

卵の代わりに豆腐を使って！素朴だけどクセになる。ふんわりやさしい和風パウンドケーキ。

材料　パウンドケーキ型（17×7×5cm）1個

A
- TOMIZ製菓用米粉……100g
- 砂糖……30g
- きな粉……20g
- コーンスターチ……10g
- ベーキングパウダー……小さじ1

B
- 絹ごし豆腐……100g
- 油……40g
- 牛乳……40g
- 塩……ふたつまみ

甘納豆……50g

準備

- オーブンを170℃に予熱しておく。
- 型にオーブン用シートを敷く。

作り方

1. ポリ袋に**A**を入れてよく振り混ぜる。
2. ボウルに**B**を入れて泡立て器でよく混ぜ、**1**と甘納豆を加え、ゴムべらで手早く混ぜる。
3. **2**を型に流し入れ、170℃のオーブンで40分焼く。

竹串を刺して生地がついてきたら焼き時間を追加してください。

ほろほろスノーボール

油で簡単に生地をまとめます！
くるみを入れておいしさUP。

材料　約30個分

A
- TOMIZ製菓用米粉……100g
- アーモンドプードル……60g
- 砂糖……40g

B
- 油……70g
- 牛乳……大さじ2
- 塩……ふたつまみ

ローストくるみ……30g
粉糖……適量

準備

- オーブンを170℃に予熱しておく。
- 天板にオーブン用シートを敷く。
- くるみをポリ袋に入れ麺棒で細かく砕く。

作り方

1. ポリ袋に**A**を入れてよく振り混ぜる。
2. ボウルに**B**を入れ、泡立て器でよく混ぜる。**1**とくるみを入れてゴムべらでよく混ぜる。
3. 生地をひとまとめにし、2〜3cm大のボール状に丸め、天板に並べる。170℃のオーブンで25〜30分焼く。
4. 粗熱がとれたら粉糖と一緒にポリ袋に入れ、まんべんなくまぶす。

丸める時は少し崩れやすいので、軽くキュッと握りながらすると丸めやすいですよ。

濃厚胡麻ムース

米粉に寒天を加えると口当たりのよい
食感になります。

材料　カップ（80mℓ）5個分

A
- 砂糖……40g
- TOMIZ製菓用米粉……20g
- 寒天パウダー……2g

B
- 練り黒ごま……20g
- 塩……少々

牛乳……400mℓ
生クリーム……大さじ2
クコの実……適量

準備

- クコの実を水につけてもどしておく。

作り方

1. ボウルに**A**を入れ泡立て器でよく混ぜる。
2. 別のボウルに**B**を入れ、牛乳を少しずつ加えながら泡立て器で混ぜる。
3. **1**に**2**を入れ、泡立て器でよく混ぜる。
4. フライパンまたは小鍋に**3**を入れて中火にかけ、耐熱のゴムべらで絶えずかき混ぜる。ふつふつと沸騰し始めたら弱火にし、さらに30秒ほどかき混ぜながら火を通す。
5. 火を止めて生クリームを入れてかき混ぜ、容器に流し入れてクコの実を飾り、冷蔵庫で冷やし固める。

- 牛乳を無調整豆乳に、生クリームをココナッツミルクに変えるとまた違った味わいに。
- 容器はカップではなくバットで作って、ケーキなどに添えても。お好みでどうぞ。

米粉グラノーラ

買うと高い……手作りすればあっという間においしいグラノーラの出来上がり。アイスやケーキにのせたり、牛乳と一緒に食べたりアレンジいろいろ。米粉を使って作りましょう！

ナッツとレーズンのゴロゴログラノーラ

材料 作りやすい分量

A
- オートミール……100g
- TOMIZ製菓用米粉……30g
- 砂糖……10g
- 塩……小さじ½

- ココナッツオイル……30g
- 水……大さじ1
- メープルシロップ……25g
- お好みのローストナッツ類……50g
- レーズンなどお好みのドライフルーツ……50g

準備

- オーブンを150℃に予熱しておく。
- 天板にオーブン用シートを敷く。
- ナッツ類を粗くきざむ。

作り方

1. ボウルにAを入れ泡立て器でよく混ぜ、ココナッツオイルを加えてさらによく混ぜる。
2. 天板に1を広げ、150℃で15分焼く。
3. ボウルに戻し、水、メープルシロップ、ナッツ、レーズンを順に入れてその都度ゴムべらでよく混ぜる。
4. 天板に戻し150℃で15〜20分焼く。

大量に作る場合は焼き時間を長くしてくださいね。

arrange!

ナッツとチョコチップのチョコグラノーラ

お好みのナッツに
ココアを加えてリッチに！

材料　**作りやすい分量**

A
- オートミール …… 100g
- TOMIZ製菓用米粉 …… 20g
- 純ココア …… 20g
- 砂糖 …… 10g
- 塩 …… 小さじ½

- ココナッツオイル …… 30g
- 水 …… 大さじ1
- メープルシロップ …… 25g
- お好みのローストナッツ類 …… 50g
- 製菓用チョコチップ …… 50g

準備

- オーブンを150℃に予熱しておく。
- 天板にオーブン用シートを敷く。
- ナッツ類を粗くきざむ。

作り方

1. ボウルに**A**を入れ泡立て器でよく混ぜ、ココナッツオイルを加えてさらによく混ぜる。
2. 天板に**1**を広げ、150℃で15分焼く。
3. ボウルに戻し、水、メープルシロップ、ナッツ、チョコを順に入れてその都度ゴムべらでよく混ぜる。
4. 天板に戻し150℃で15〜20分焼く。

グラノーラ入りヨーグルトバーク

ヨーグルトを凍らせるだけのかわいいおやつ。
米粉グラノーラのサクサクした食感がアクセント。

材料

- 無糖ヨーグルト …… 1パック（450g）
- キウイ …… ½個
- はちみつ …… 大さじ2
- 冷凍ミックスベリー …… 100g
- 米粉グラノーラ …… 適量

作り方　**作りやすい分量**

1. ペーパータオルを敷いたザルにヨーグルトをあけ、1時間程度おいて水気をきる。キウイを一口大に切る。
2. ボウルに**1**のヨーグルトとはちみつを入れてよく混ぜる。
3. オーブン用シートを敷いたバットに**2**を流し入れ、1cm程度の厚みに広げる。ミックスベリーとキウイをのせ、隙間にグラノーラを振り、冷凍庫で2〜3時間冷やす。お好みの大きさに割る。

はちみつをメープルシロップに、キウイを他のフルーツに変えるなど、いろいろアレンジしてみてください。

米粉クッキー&ラスク
甘いのがお好き？
それとも塩味？

ナッツ入りサクサク抹茶クッキー

アーモンドスライスが食感のアクセント。
抹茶とシナモンは意外だけど
実はいい組み合わせなんです。

材料 直径3cm 25枚分

A
- TOMIZ製菓用米粉……100g
- 砂糖……60g
- コーンスターチ……50g
- アーモンドプードル……50g
- アーモンドスライス……30g
- 抹茶パウダー……5g
- シナモンパウダー……小さじ½

B
- 油……80g
- 牛乳……40g
- 塩……少々

準備
- オーブンを170℃に予熱しておく。
- 天板にオーブン用シートを敷く。

作り方
1. ポリ袋にAを入れてよく振り混ぜる。
2. ボウルにBを入れ泡立て器でよく混ぜ、1と合わせる。
3. 台の上に米粉（分量外）で打ち粉して、2をのせて転がして棒状にし、ラップを巻く。そのまま冷蔵庫で30分くらい休ませる。
4. ラップをはずして8mmほどの厚さに輪切りにし、両手で丸く整えながら形を作り、天板にのせる。170℃のオーブンで25分程度焼く。

生地を伸ばせる状態にしたいので、足りなければ牛乳を足してください

ポロポロしやすいのでぎゅっとまとめて

パルメザンと黒こしょうのカリカリクッキー

パルメザンチーズと黒こしょうで
お酒に合う一品に！
食べだすと止まりませんよ。

材料 作りやすい分量

A
- TOMIZ製菓用米粉……50g
- 片栗粉……50g
- パルメザンチーズ(粉)……30g
- 砂糖……15g
- 塩……小さじ¼
- 粗挽き黒こしょう……小さじ¼

- オリーブオイル……30g
- 牛乳……40g

準備
- オーブンを170℃に予熱しておく。

作り方
1. ボウルにAを入れて泡立て器で混ぜる。
2. 1にオリーブオイルを入れて手ですりこみ、牛乳を入れて混ぜる。
3. オーブン用シートに生地をのせ、その上にシートをかぶせて麺棒で5mm程度の厚さに薄く伸ばす。形を整え、包丁でお好みの大きさに切り込みを入れる。
4. 天板にシートごとのせて170℃のオーブンで30分焼く。焼けたら取り出し、熱いうちに切り込みに沿って割る。

サクサク米粉ラスク

**米粉パンが余ったら薄くスライスして
ラスクにリメイク。**

材料 作りやすい分量

米粉ミニ食パン
（14〜19ページ参照）……½個
ココナッツオイル……大さじ½
メープルシュガー……小さじ1

バターでも OK！

準備

- オーブンを150℃に予熱しておく。
- 天板にオーブン用シートを敷く。

作り方

1. 米粉ミニ食パンを3〜5㎜程度に薄く切り、天板に置く。
2. ココナッツオイルを刷毛で**1**に塗り、メープルシュガーをかけて、150℃のオーブンで30分焼く。

黒糖きな粉などをまぶしてもおいしいです。

ナッツゴロゴロ チョコスパイスクッキー

FREE

**食べ応え満点！　なんといっても
ナッツとチョコチップはクッキーの王道レシピ。**

材料 直径12㎝12個分

A
- TOMIZ製菓用米粉……80g
- 砂糖……60g
- アーモンドプードル……50g
- 純ココア……20g
- カルダモンパウダー……小さじ½

B
- 油……80g
- 牛乳……30g
- 塩……ひとつまみ

お好みのローストナッツ類……50g
チョコチップ……30g

準備

- オーブンを170℃に予熱しておく。
- 天板にオーブン用シートを敷く。
- ナッツ類を粗くきざむ。

作り方

1. ポリ袋に**A**を入れてよく振り混ぜる。
2. ボウルに**B**を入れて泡立て器でよく混ぜる。
3. **2**に**1**とナッツ類、チョコチップを入れてゴムべらでよく混ぜ、ひとかたまりにする。12等分し丸める。
4. **3**を天板に置いて丸く伸ばしながら広げ、170℃のオーブンで20分焼く。

米粉のクッキーやラスクと一緒にどうぞ！

豆腐とブルーベリーのムース

混ぜて冷やすだけのヘルシースイーツ。

■材料（100㎖カップ5個分）

水……大さじ3
粉ゼラチン……5g

A
- 冷凍ブルーベリー……200g
- 絹ごし豆腐……100g
- 生クリーム……100㎖
- 砂糖……40g
- レモン果汁……大さじ1

■作り方

耐熱容器に水を入れ、ゼラチンを振り入れてふやかす。ブルーベリーを半解凍する（飾り用に少し残す）。ミキサーまたはブレンダーで**A**を撹拌する。ふやかしたゼラチンを電子レンジで20秒加熱して溶かし、**A**に混ぜる。容器に入れ飾り用ブルーベリーをのせ、冷蔵庫で冷やす。

大人味のバニラアイス

FREE

おうちで手作りアイス。米粉クッキーを添えてどうぞ。

■材料（80㎖カップ4個分）

生クリーム……200㎖
牛乳……100㎖
メープルシロップ……大さじ3
ラム酒……大さじ1
バニラエッセンス……2滴

■作り方

ボウルに材料をすべて入れて泡立て器でよく混ぜる。容器に入れて冷凍庫で冷やし、全体がしっかり凍るまで、1時間ごとに空気を入れるように全体を大きくかき混ぜる。

子ども用には
ラム酒を抜いて
くださいね

米粉シフォンケーキ

たっぷりの卵で作るシフォンケーキは
実は小麦粉よりも米粉がオススメ。
ふわもちで米粉の食感がクセになります。

基本の米粉シフォンケーキ

材料 **直径17cmのシフォンケーキ型1個分**

卵（Mサイズ）……3個
砂糖（卵黄用）……20g
油……30g
水……40g
バニラエッセンス……1〜2滴
TOMIZ製菓用米粉……70g
塩……少々
砂糖（卵白用）……35g

準備

- 卵白を泡立てる時にオーブンを170℃に予熱しておく。

作り方

1. ボウルをふたつ用意し、卵を卵黄と卵白に分けて入れ、卵白は使う直前まで冷蔵庫で冷やしておく。
2. 卵黄を入れたボウルに砂糖、油、水、バニラエッセンス、米粉を順番に入れ、その都度泡立て器でしっかり混ぜ合わせる。
3. 卵白を冷蔵庫から取り出し、塩を入れてハンドミキサーで軽く泡立てて軽くほぐす。砂糖を3回に分けて入れ、その都度しっかり泡立て、角が立つくらいのメレンゲを作る。
4. **3**のメレンゲから⅓を取り、**2**に入れて泡立て器でしっかり混ぜ合わせる。残りのメレンゲを入れて、ゴムべらでボウルの底から大きくさっくり混ぜ、型に流し入れる。やさしく揺すって表面を平らにし、竹串で円を描くように5〜6回くるくる回す。
5. 170℃のオーブンで30分焼く。
6. 焼き上がったら10cmぐらいの高さから型ごと落とし、空気を抜く。型のまま逆さまに瓶に挿して冷ます。しっかり冷めてから型と生地の間にナイフを差し込んで一周し、型からそっとはずす。底もナイフを差し込んではずす。

ボウルを逆さにしても落ちてこないくらいにしっかり泡立てて！

シフォンケーキは卵を使うのでどの米粉でも基本的には作れますが、粒子の粗い米粉を使うと、ずっしりしてふくらみが落ちます。

ARRANGE 1

レモンとポピーシードのシフォンケーキ

レモンの果汁と皮を入れてさっぱりシフォンケーキ。ポピーシードがアクセントになりますよ。

MILK FREE

材料 **直径17cmのシフォンケーキ型1個分**

卵（Mサイズ）……4個
砂糖（卵黄用）……30g
油……40g
レモン汁……30g
水……20g
レモンの皮……5g
ポピーシード……小さじ1
TOMIZ製菓用米粉……90g
塩……少々
砂糖（卵白用）……45g

準備

- 卵白を泡立てる時にオーブンを170℃に予熱しておく。

作り方

1. ボウルをふたつ用意し、卵を卵黄と卵白に分けて入れ、卵白は使う直前まで冷蔵庫で冷やしておく。レモンの皮を薄くそいできざむ。
2. 卵黄を入れたボウルに、砂糖、油、レモン汁、水、レモンの皮、ポピーシード、米粉を順番に入れ、その都度泡立て器でしっかり混ぜ合わせる。
3. 基本の作り方**3**〜**4**と同様にし、170℃のオーブンで35分焼く。
4. 基本の作り方**6**と同様にする。

ARRANGE 2

ダブルチョコの大人シフォンケーキ

ビターチョコレートとココアで濃厚にした生地に、さらにラム酒をきかせました。大人風味のシフォンケーキです。

材料　直径17cmのシフォンケーキ型1個分

卵(Mサイズ)……4個
砂糖(卵黄用)……30g
板チョコ(ビター)……1枚(60g)
油……30g
水……35g
ラム酒……15g
TOMIZ製菓用米粉……80g
純ココア(ふるっておく)……10g
砂糖(卵白用)……35g
塩……少々

準備

- 卵白を泡立てる時にオーブンを170℃に予熱しておく。
- 板チョコを小さく割り、油と一緒にボウルに入れ湯せんにかけ溶かす。

作り方

1. ボウルをふたつ用意し、卵を卵黄と卵白に分けて入れ、卵白は使う直前まで冷蔵庫で冷やしておく。
2. 卵黄を入れたボウルに砂糖、溶かしたチョコと油、水、ラム酒、米粉、ココアを順番に入れ、その都度泡立て器でしっかり混ぜ合わせる。
3. 冷蔵庫から卵白を取り出し、塩を入れてハンドミキサーで軽く泡立てて卵白をほぐす。砂糖を3回に分けて入れ、その都度しっかり泡立て、角が立つくらいのメレンゲを作る。
4. **3**のメレンゲから⅓を取り、**2**に入れて泡立て器でしっかり混ぜ合わせる。残りのメレンゲを入れて、ゴムべらでボウルの底から大きくさっくり混ぜ、型に流し入れる。やさしく揺すって表面を平らにし、竹串で円を描くように5〜6回くるくる回す。
5. 170℃のオーブンで35分焼く。
6. 焼き上がったら10cmぐらいの高さから型ごと落とし、空気を抜く。型のまま逆さまに瓶に挿して冷ます。しっかり冷めてから型と生地の間にナイフを差し込んで一周し、型からそっとはずす。底もナイフを差し込んではずす。

ARRANGE 3

チーズと黒こしょうのシフォンケーキ

ブルーチーズと粗挽き黒こしょうがきいたスパイシーなシフォンケーキ。ワインのおつまみにぴったりです。

材料　直径17cmのシフォンケーキ型1個分

卵(Mサイズ)……4個
砂糖(卵黄用)……20g
クリームチーズ……50g
ブルーチーズ……50g
油……40g
水……50mℓ
粗挽き黒こしょう……小さじ½
TOMIZ製菓用米粉……90g
砂糖(卵白用)……20g
塩……少々

準備

- 卵白を泡立てる時にオーブンを170℃に予熱しておく。
- クリームチーズとブルーチーズを耐熱容器に入れ、電子レンジで30秒加熱し、粗熱をとる。

作り方

1. ボウルをふたつ用意し、卵を卵黄と卵白に分けて入れ、卵白は使う直前まで冷蔵庫で冷やしておく。
2. 卵黄を入れたボウルに砂糖、チーズ類、油、水、こしょう、米粉を順番に入れ、その都度泡立て器でしっかり混ぜ合わせる。
3. 冷蔵庫から卵白を取り出し、塩を入れてハンドミキサーで軽く泡立てて卵白をほぐす。砂糖を3回に分けて入れ、その都度しっかり泡立て、角が立つくらいのメレンゲを作る。
4. **3**のメレンゲから⅓を取り、**2**に入れて泡立て器でしっかり混ぜ合わせる。残りのメレンゲを入れて、ゴムべらでボウルの底から大きくさっくり混ぜ、型に流し入れる。やさしく揺すって表面を平らにし、竹串で円を描くように5〜6回くるくる回す。
5. 170℃のオーブンで35分焼く。
6. 焼き上がったら10cmぐらいの高さから型ごと落とし、空気を抜く。型のまま逆さまに瓶に挿して冷ます。しっかり冷めてから型と生地の間にナイフを差し込んで一周し、型からそっとはずす。底もナイフを差し込んではずす。

米粉100%でおいしいパンを作るためのQ&A

準備について

Q 材料やお湯の温度は正確にはかったほうがいいですか?

A 本書のレシピはとてもシンプル。米粉の種類によって水分量が変わってくるため材料はgで記載しています。慣れるまではしっかり計量して作ってくださいね。温度計がない場合は、手で触って熱くない程度のお湯が適温の目安で、熱いと感じたら40度以上。手で触ってぬるいと感じる温度で作るとちょうどいいですよ。

Q 製菓用米粉にタピオカ澱粉やマイプラス(α米)を加えるのはなぜですか?

A パンを作るにはパン作りに向く米粉を使用するのが断然オススメですが、タピオカ澱粉やマイプラス(α米)を加えることでパンのような仕上がりになります。では、これらを入れたらどの米粉でもパンが作れるか? というと、実はそうとも限りません。11ページの「パン作りに適した米粉」を参考にできそうな米粉をみつけたら試し焼きをしてみてくださいね。

Q 砂糖や油は省いてもいいですか?

A 砂糖や油にはイーストの発酵の促進や保湿効果があります。油なしのパンは膨らみが落ちたり、生地がべたついて切れなかったりします。減らす場合はそれを頭に入れながら少しずつ減らしてください。

Q 型にオーブン用シートを敷くのはなぜですか?

A オーブン用シートがないと生地が型やアルミホイルにべったりくっついてしまいます。フッ素樹脂加工の型ならオーブン用シートがなくても大丈夫ですが、ステンレスの型はくっつきます。型の素材によるので、オーブン用シートを使ったほうが間違いないです。

Q 玄米粉や違う米粉でも作れますか?

A 米粉といってもいろんな種類があります。残念ながら、現在は米粉に明確な基準や分類がないので、すべての米粉でパンが焼けるとは限りません。また、焼けたとしても、米粉が変わると水分量が変わり仕上がりが違ってきます。10ページで紹介しているように、使ったことのない米粉に出会ったら、30gの米粉に同量の水を混ぜてみて生地の状態を確認し、パンに向くかどうかを判断するという実験をしてみてくださいね。

米粉100%で おいしいパンを 作るためのQ＆A

作業中について

Q 生地を流し込む際、生地が偏って入ってしまったり、オーブン用シートが生地の上にくっついてしまったりしました。このまま焼いても大丈夫ですか？

A 大丈夫です。米粉生地はトロトロのやわらかい生地なので、小麦粉の生地のように偏りを気にしなくても、発酵している間に自然に流れて平らになります。シートがくっついてしまっても、焼き上がればきれいにはがれますので大丈夫です。米粉生地は少しぐらいの失敗があってもたいてい大丈夫。恐れず作業を進めてくださいね。

焼き上がりについて

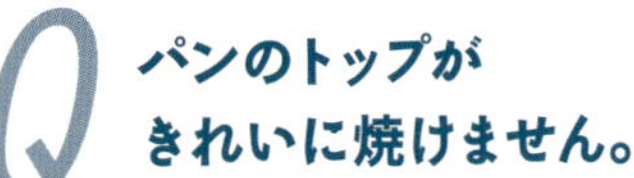

Q パンのトップがきれいに焼けません。

A いくつか原因が考えられます。発酵し過ぎると膨らみはいいのですが生地のキメが粗くなります。過発酵に注意してくださいね。また乾燥してしまうと鏡餅のようにひび割れるのでしっかりアルミホイルをかぶせてください。オーブンによってもきれいな焼き色がつかないこともあるようです。

過発酵の生地で焼いたパン。
ぼそっとした生地になってしまいました。

Q 焼き上がり後、完全に冷ましたら周りがかたくなってしまいました。

A 米粉パンはお米100%でできているので、ごはんと扱い方は同じです。ごはんにラップをしないで放置するとかたくなるし、そのまま冷蔵庫に入れたらカチカチになりますよね。米粉パンも同じです。乾燥は大敵と覚えて、すぐラップしてくださいね。

Q レシピ通りに発酵させたのですがうまく膨らみません。

A 小麦グルテンがない米粉パンはイーストの力がポイント。イーストの量を減らすと膨らみが落ちます。またイーストが活動するのに最適な温度があるので、真冬は特に使用する器具や材料が冷え過ぎていないか確認してくださいね。イーストが古くなると発酵しにくくなる原因のひとつになります。

左が醗酵不足、右は過発酵の例。

米粉の保存方法について

Q 米粉の保存方法は？

A 小麦粉と同様、米粉も湿気に弱いため、開封したら密閉容器に入れて、冷暗所で保存してできるだけ早く使いきってください。

米粉パンの保存について

Q 米粉パンは常温でどのくらいもちますか？

A 米粉パンはかたくなりやすいので、作った当日に食べるのがベストです。翌日以降に食べる場合は、電子レンジで軽く温めてくださいね。当日食べないのであれば、すぐ冷凍してしまうのがオススメです。

Q 冷凍と解凍はどうしたらいいですか？

A パンの粗熱を取り、食べる大きさに切って一枚ずつラップして、密封容器に入れて冷凍してください。解凍は電子レンジで軽く温めるか、アルミホイルで包んでトースターで温めるか、蒸し器で蒸してください。

Q 粗熱を取る時間がない場合はどうしたらいいですか？

A 焼き立てのパンをペーパータオルで巻いてラップしてください。ペーパータオルがパンから出る蒸気を吸収してくれるので、パンがベタつかず程良くしっとりします。時間がない時、またはパンの表面をしっとりさせたい時におすすめです。

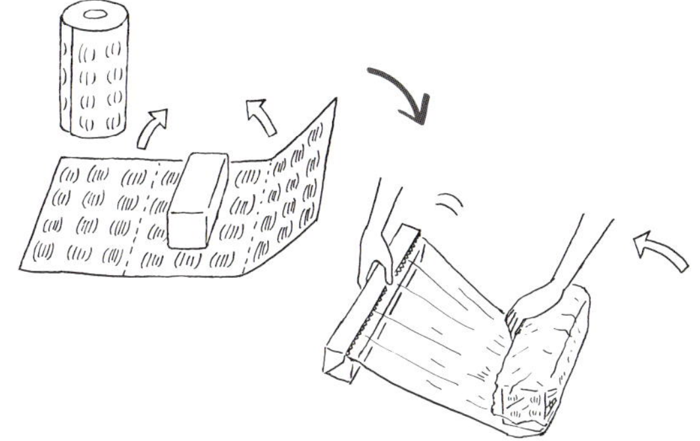

おわりに

この本を作り終えて、あらためて米粉の可能性を再確認しました。米粉は発展途上の食材ですので、この先もっともっと進化し続けていくと思います。そんな米粉をもっとたくさんの方に身近に感じてもらいたいと、本書ではたくさんのレシピを考えました。なるべくシンプルに、作りやすく簡単に、それでいておいしくを目指しました。たくさんの方に作ってもらえたらと思います。

そんな米粉をもっと気軽に使っていただきたくて、東京を中心に各地で教室を開催しています。米粉で困ったことがあったらどうぞ教室にいらしてください。一緒に作りましょう。いつかどこかでお会い出来るのを楽しみにしています。

高橋ヒロ（hiro-cafe）

米粉パン、米粉料理のレッスン開催中！

米粉でパンを焼きたい、米粉をもっと料理に使いたいという声におこたえして、東京で初心者のための米粉料理レッスンを開催しています。人数が集まれば、地方への出張やリクエストに応じたオーダーレッスンも開催可能。メールでお問い合わせください。

米粉専門コーディネーターが主宰する米粉専門教室
hiro-cafe

HP　hppts://hiro-cafe.com
公式ブログ　https://ameblo.jp/hiro-cafe-hiro/
メール　contact@hiro-cafe.com

高橋ヒロ（hiro-cafe）

米粉専門コーディネーター

米粉専門教室hiro-cafe主宰、グルテンフリー＆米粉講師、フードコーディネーター、キッズ食育トレーナー、Jr. 野菜ソムリエ
親の転勤で幼少期は日本各地で育ち様々な食文化に触れる。大学を卒業後大手旅行会社、IT企業等で勤務、かたわらで料理を学びフードコーディネーターとしての活動を開始。自身の子どものアレルギーをきっかけに、食育、特に米粉の活用に取り組み、現在は米粉関連の活動に専念、常に満席が続く米粉教室を開催中。また、全国各地での米粉パン専門教室の開催や講演にも積極的に取り組んでいる。

公式サイト　https://hiro-cafe.com
公式ブログ　https://ameblo.jp/hiro-cafe-hiro

●調理アシスタント　増田かおり　羽生幸代
国本数雅子　片山愛沙子
平沢あや子　星野奈々子
●アートディレクション　大薮胤美（フレーズ）
●デザイン　福田礼花（フレーズ）
●撮影　佐藤 朗
●スタイリング　木村 遥
●イラスト　tent
●校正　坪井美穂
●編集　綛谷久美

●食材協力
TOMIZ（富澤商店）
HP・オンラインショップ　http://tomiz.com
TEL：042-776-6488（代表）
熊本製粉
HP・オンラインショップ Bears　http://bearsk.com
TEL：096-355-1821（ネット事業課）

●撮影協力
UTUWA　TEL：03-6447-0070

サクッと手作りグルテンフリー

作業時間10分
米粉100%のパンとレシピ

2017年10月20日　第1刷発行
2020年 7 月 1 日　第5刷発行

著者　高橋ヒロ（hiro-cafe）
発行人　塩谷茂代
発行所　イカロス出版株式会社
〒162-8616 東京都新宿区市谷本村町 2-3
編集　TEL 03-3267-2719
販売　TEL 03-3267-2766
https://www.ikaros.jp
印刷・製本　図書印刷株式会社